グローバル恐慌の真相

中野剛志・柴山桂太
Nakano Takeshi　Shibayama Keita

a pilot of wisdom

目次

将来への投資がしぼむと経済の屋台骨が崩れる
市場経済が進むと視野の短期化が起こる
自由化は効率化を招き、安定性・弾力性を奪う
変動に耐えられない国民経済
ボラティリティの大きかった帝国主義の時代
海外進出はデフレの解決にならない
新自由主義が重商主義の時代に連れ戻す
豊かで先進的な市場が、製品の質を磨く
円高・低賃金・デフレを招く輸出戦略
不安定な経済で得をするのは金融資本
国内にお金を回さない金融階級
カオスから新しい創造は生まれるのか?
資本主義は本質的にはカオス
資本主義の不確実性をどう飼いならすか
美人投票——集団的な群集心理で動く経済
リスク分散が国内経済をいためる結果に

第三章　格差と分裂で破綻する中国とＥＵ——125

第四章　冬の時代のための経済ナショナリズム

構成／宮内千和子
図表／テラエンジン
文字組版／アイ・デプト．

はじめに――壊れゆく世界を生きぬくために

中野　剛志

「今、時代は大きな歴史的転換期にある」といった台詞《せりふ》がよく聞かれますが、実際にそのような事態になることは、めったにあるものではありません。しかし、二〇〇八年のリーマン・ショックに端を発した世界的経済危機は、間違いなく、そのような歴史的転換期だと言って差し支えないでしょう。

今、世界が経験しているのは、単なる経済現象としての不景気にとどまらず、政治や社会あるいは文化そして思想などにまで及ぶ、複合的で全般的な危機だと私は思います。二〇〇八年、経済産業省に勤務していて、リーマン・ショックの混乱を体験した私は、この事態がただならぬものと感じざるを得ませんでした。それからというもの、この危機が何であり、世界をどう変えてしまうのか、それに対してどう対処すべきかを私なりに考えてきました。

こういう世界的危機、あるいは歴史的転換期においては、それまで正しかったことが間違いで、これまで間違いだとされていたことが正しいといった現象が起きるものです。このようなときには、これまでの通俗観念にとらわれていては、問題を解決することができないどころか、致命的な判断ミスを犯すことになるのです。

しかし、お堅い役所のなかにいて、目の前の定型的な事務を処理しながらでは、そのような思索を深めることはできません。そこで、二〇一〇年六月に京都大学大学院に身を移し、研究生活に入りました。そこで、このグローバル恐慌ともいうべき世界的危機の真相を明らかにし、我が国が進むべき道を探ろうと考えたのです。

ただ、残念ながら、この問題はあまりに複雑かつ巨大であり、私一人の能力では、どう頑張っても扱い切れないものでした。しかももっと問題なことに、事態は予想以上に早いスピードで進んでいました。

その一つが、二〇一〇年秋からもちあがったＴＰＰ（環太平洋経済連携協定）への参加の問題です。経済界や多くの経済学者、あるいは大手新聞各紙は、このＴＰＰへの参加を一斉に支持しました。私は、ＴＰＰへの参加は危機を解決するのではなく、その悪化を招くと確信し、反対論を展開しました。

私が、ＴＰＰ推進論に感じた最大の違和感は、それがリーマン・ショック以前に言われていた政策論と同じだという点に尽きます。政府やＴＰＰ推進論者は、グローバル化を肯定し、アジアなどの新興国の成長に期待して、外需主導の成長を目指そうとしており、そのためにはＴＰＰへの参加が必要だと主張していました。

しかし、こうした世界観や戦略は、二〇〇八年以前にも言われていたことです。つまり、ＴＰＰ推進論は、歴史的な時代の大転換をまったく無視し、古い通俗観念にとらわれているのです。

そこで、私は、『ＴＰＰ亡国論』を著し、ＴＰＰ参加反対の論陣を張りました。ＴＰＰに参加してしまったら、時代の変化に対応できず、取り返しがつかなくなると考えたからです。ですが、そんな言論活動をやっていたため、本来やるべき研究や思索を深めることがますますできなくなってしまいました。

そうこうしているうちに、世界が壊れてきました。ヨーロッパはギリシャ危機に端を発して、EU（ヨーロッパ連合）成立以来最大の危機に直面しています。アメリカ経済は完全に行き詰まり、ウォール街で大規模なデモが発生しました。中国はバブルが遂に崩壊し始め、社会が不安定化し始めました。北アフリカなど、各地で政変や紛争が起き始めました。我が国は、東日本大震災に襲われるなか、政治は混迷の度合いを深めています。

もはや、猶予はありません。そこで、私は、この現下の危機がいかなる意味をもつのかを明らかにし、世の中にはびこる固定観念を破壊するため、滋賀大学経済学部准教授の柴山桂太氏とともに、本書を出版することにしました。柴山氏とは、彼が大学院生で、私が社会人になったばかりの頃からの知り合いで、年齢だけでなく興味関心や問題意識もほぼ同じです。現下の危機についても、私たちは一緒に考え、語り合ってきました。本書は、その議論を記録したものです。

本書のなかで、私たちは、おそらく、世間で言われていることとは大きく異なる議論を展開していくことになります。本書の議論に違和感を覚える方もおられるかもしれません。

しかし、時代の転換期には、これまで異端とされてきた主張こそが正しいかもしれないのです。その点をご賢察のうえ、最後まで私たちの対談にお付き合いいただけますと幸いです。

第一章　グローバル化の罠に落ちたアメリカと世界

▼グローバル化の罠《わな》

中野　今、世界経済は、相当きわどい不確実な情勢にあります。二〇〇八年のリーマン・ショックは、収束するどころか、国家債務危機というさらに大きな問題に発展したわけです。

まずいのは、アメリカや欧州だけではありません。日本経済について私はもっと危機感をもっています。すでに戦後の世界に例をみない長期のデフレに置かれているうえに、この一〇〇年に一度の世界経済の危機が直撃したわけです。それにもかかわらず、二〇〇九年、日本の有権者は、このタイミングで「一回、やらせてみるか」という恐るべき民意を示して、民主党政権を成立させ、政治は、戦後史上最悪の迷走を始めています。

これ以上、下手をうつと、二〇年後、ＧＤＰベースで世界一〇位以下まで落ちてもおかしくない。たとえば、アルゼンチンは一九世紀に近代化を進め、一九三〇年頃には世界第五位の経済大国でした。「母をたずねて三千里」という物語の背景にあるように、あの頃はイタリア人が景気のいいアルゼンチンに出稼ぎに行っていたのです。ところが戦後、ポピュリズムに流されて経済運営を誤って次第におかしくなり、一九七六年には軍事政権が成立して、新自由主義的な構造改革を断行した結果、発展途上国へと転落してしまいました。

日本だってそうならないなどという保証はまったくありません。事実、私が社会人になった一九九六年以降、さまざまな改革がなされてきましたが、にもかかわらず、というか、そのせいで日本はほとんど成長しなくなり、凋落《ちょうらく》の一途をたどっています。こうなった以上、このまま落ちていくのをなんとか食い止めて、せめて五位以内にとどめるためのオペレーションは何かということを必死になって考えるつもりで私はおります。

そのようなときにいわゆるマクロ経済指標だけを眺めていても仕方がない。もっと思想的、哲学的に、国家や市場の本質を見据えたうえで未来について議論を進めていくしかない。その際、有効なのが、柴山さんや私が専門にしている政治経済思想という、もっと総合的なものの見方です。ですから読者のみなさんに予告すると、いわゆる経済学には到底おさまり切らない議論を展開していきます。

柴山　リーマン・ショック後の世界の状況についていえば、いろんなことが予想もしない形で起こり、しかも、それがつながっている。二〇一一年だけ見ても、中東でジャスミン革命があり、日本で震災があり、ＥＵでの国家債務危機が深刻になってきています。その後、アメリカを皮切りに世界同時株安が起きた。震災は自然現象としても、日本の経済は世界と直結していますから、これは全部つながっているわけですね。玉突きのように起こっている。

その詳細は後で言うとしても、この全体状況を経済学だけでなく、政治学や社会学、あるいは思想史から多面的に解釈していくことが必要でしょうね。今回の危機は経済だけの危機にとどまらない、もっと社会的、政治的な問題とつながっていく話ですから。

そのときに、学者も含めて、世間一般の人々がもっている固定観念を疑ってみることが重要だと思います。中野さんが官僚になられた九〇年代の終わりぐらいから、僕は学者の道に入っていくわけですが、その間に言われてきた議論が、論壇ではいまだにえんえんと続いているんですよ。

たとえば、冷戦が終わって、これからはグローバルな時代になる、といった類の話です。グローバル化が進んでいけば、いずれ国家というものが意味をもたなくなり、ＥＵのような地域主義の時代になるという、つまり、これまでとは違う歴史のフェイズが始まるんだという論調ですね。しかし、僕はこういう議論にいつも疑問を感じてきた。

むしろ、歴史で何度も繰り返されてきたような、資源や市場をめぐる国家と国家の対立という、新しいどころかものすごく古典的なフェイズに立ち返っているんじゃないのかと思います。

グローバル化が進むのは歴史の必然だとか、政府の権限を縮小していくことが自由主義の本来の姿だとか、どの国も経済発展すれば民主主義に行くんだとか、その種のだれも論証できない思い込みを一遍取り払ったうえで、今の危機を引き起こしている根本的な要因を議論しないといけないですね。

中野　私は欧米コンプレックスをもっているつもりはないですが、少なくともこの危機に際して欧米には、考え方が真逆になったと切り換えることができる人たちがいる。二〇〇八年にノーベル経済学賞を受賞したポール・クルーグマンが、リーマン・ショックの直後に、今の世界は『鏡の国のアリス』のような状況だと言っていました。つまり、鏡の世界のように世界は全部ひっくり返っていると。二〇〇八年の前と後が鏡の世界のように逆になっていて、前によかったことが悪い、前に悪かったことはよい、前に右だったことは今は左、前に左だったことは今は右になっているはずだという、そのぐらい考え方を変える必要があるというのです。

ところが、我が国の場合は、残念ながら全然そうじゃないんですね。柴山さんがおっしゃったように、「日本は遅れている、グローバル化はいいことだ、なんでも自由化するのがすばらしい」という主張が相変わらず繰り返されている。

物理学の世界では、アインシュタインがまさに相対性理論で、既存の物理学の固定観念、パラダイムそのものを変えたわけですが、その彼が重要なことを言っています。問題を生じさせたときの考え方で、その問題を解決できるわけがないだろう、と。

世界経済の状況にあてはめていえば、リーマン・ショックを引き起こしたグローバル化や新自由主義的な考え方で、問題を解決することはできないのです。

柴山　グローバル化は経済危機の原因であって、グローバル化を経済危機の処方箋とすることはできない、というわけですね。それにしても日本ではあいかわらず、世界に打って出ないと生き残れない、という単純な論調が多い。

中野　政治の状況もかなり悲惨です。小泉政権で掲げてきた構造改革のひずみが、安倍・福田・麻生政権のときに出てきた結果、政権交代が起こりました。その際、民主党に流れた票というのは、おそらく新自由主義批判、構造改革に対する批判の気持ちがあったはずなんです。

ところが、鳩山政権が冷戦中の社会党が掲げていたようなばらまき政策をやって、その破綻が明らかになると、次に出てきた菅政権は、今度は財政再建にせよ、TPP（環太平洋経済連携協定）にせよ、またまた構造改革路線に戻っていってしまった。

構造改革論と、旧社会党・鳩山マニフェスト的な議論というのは、ごまんとある経済思想の中でも最も素朴でレベルが低いものの二つなんですよ。そのレベルの低い両極端の間に無数の政策バリエーションがあるはずなのに、たった二つの選択肢しか知らないのがこの国の不幸であって、この二つのどちらかで先の見えないこの危険な時代を乗り切ろうというのは無謀すぎます。

柴山　グローバル化の未来についても、見方が単純すぎるように思います。まず、基本的な事実としてグローバル化は最近になって始まったわけではなく、歴史上、何度も起きている現象だと捉える必要がある。

特に一九世紀の後半から二〇世紀前半にかけての世界では、貿易や労働力の移動などを見ると現在に匹敵するものであったこと、資本移動については今以上に盛んに行われていたことが、歴史統計の整備によって確認されつつあります。

この一九世紀後半からのグローバル化のことを第一次グローバル化と呼ぶ歴史家も増えてきた。それでいくと現代は第二次グローバル化の時代なのです。

ここで重要なのは、第一次のグローバル化が第一次世界大戦によって終わったということです。

グローバル化が進んで、経済学が理想とするような資本要素の移動があったにもかかわらず、国家間の対立は広がり、最終的には戦争で終わってしまった。なぜ着地点が戦争だったのか、ということもじっくり議論していきたいと思いますが、まずは、グローバル化が進めば国家がなくなって、なんとなくみんながハッピーになるというのは、歴史的にはまったく正当化できないと指摘しておきたい。

中野　そうした根本的な考察も含めて、今回の危機の引き金、アメリカの状況から議論をさっそく進めていきたいと思います。

▼底の見えない世界経済危機

中野　まず、基本的な事実から確認しておきましょう。今回の一連の危機の発端は、二〇〇八年のリーマン・ショックですね。このとき、アメリカは必死になって景気悪化をくい止めようとした。バブル崩壊後の日本の失敗を教訓として、大胆な財政拡張、金融緩和をやったわけです。その結果、二〇〇九年くらいからマクロ経済指標は上向いたように見えたのですが、国家債務が膨らみすぎたとか、企業業績の回復が遅いとか、失業率が改善しないとか悪材料がいろいろ出てきて、株も下がり始めたという構図ですね。

柴山　空手で三年殺しとか五年殺しってありますけど、巨大なバブルの崩壊ってじわじわ利いてくるんですよ。歴史を振り返っても一九二九年恐慌のときだって、暗黒の木曜日の株価暴落から始まって、本当に悲惨な状況に陥ったのは三三年あたりなんですね。

これには理由があって、巨大なバブルが崩壊した後は、債務デフレーションに陥るからなんですね。デフレの怖さはまた後で論じるとしても、バブルで上がりすぎた資産価格が下がり続けるのは不可避で、短期的にお金を注入しただけでは解決しないんです。

中野　しかも今は金融グローバル化が進んでいますから、金融緩和して市中に流し込んだお金は、国内にとどまらず海外に流れ出てしまうんですね。それが途上国でバブルをつくり出したり、あるいは資源や食料に流れ込んで価格を高騰させたりする。あとは財政出動しかないのですが、アメリカでは議会の反対があって、それも続けられない。

柴山　今の危機が恐いのは、通常の不況対策を取る余地がだんだんなくなっているからです。金融緩和は副作用が大きいし、どの国も国家債務がぎりぎりになっていますから、大きな財政出動も打てない。

中野　放蕩息子が親父の財産を食いつぶすかのように、金融資本の尻ぬぐいをさせられた国家のほうが危なくなってきている。

柴山　もちろん、それでも不況になれば金融緩和を行って、財政も目一杯拡張するしかない。対症療法としてはそれしかないのですが、それだけではどうにもならないというのがリーマン・ショック後の世界の現状ですね。だから対因療法というか、もっと根本まで掘り下げて今の危機を考える必要があるということです。

▼危機の根本原因はグローバル・インバランス

中野　この一連の危機の根本的な原因を探るときに、まず注目しなければいけないのがいわゆるグローバル・インバランス、世界的な経常収支不均衡ですね。これまでアメリカは一方的に経常収支の赤字を抱えたまま、無理やり外から資金を流入させてグローバル化を引っ張ってきた。そのことがまさに問題なのです。図1（次頁）はリーマン・ショック前の貿易の流れですが、日本、東アジア、ＥＵ、南米、どこをとってもアメリカは輸入超過です。

たとえば、アジアの成長といわれるものも、実はみんなアメリカの住宅バブルのおかげにすぎなかった。本来であればできないような借金を、バブルに浮かれたアメリカ国民が続けることで消費が過熱し、アジアからの輸出がアメリカに殺到した。そういう構造が今の危機の根底に横たわっている。

柴山　九〇年代以降のアメリカ主導のグローバル化は、アメリカが経常収支の赤字を過剰に積み増すことによって支えてきた、ということですね。簡単に言えば、アメリカ人がや

図1　リーマン・ショック前のアメリカの輸出入額（2006年）

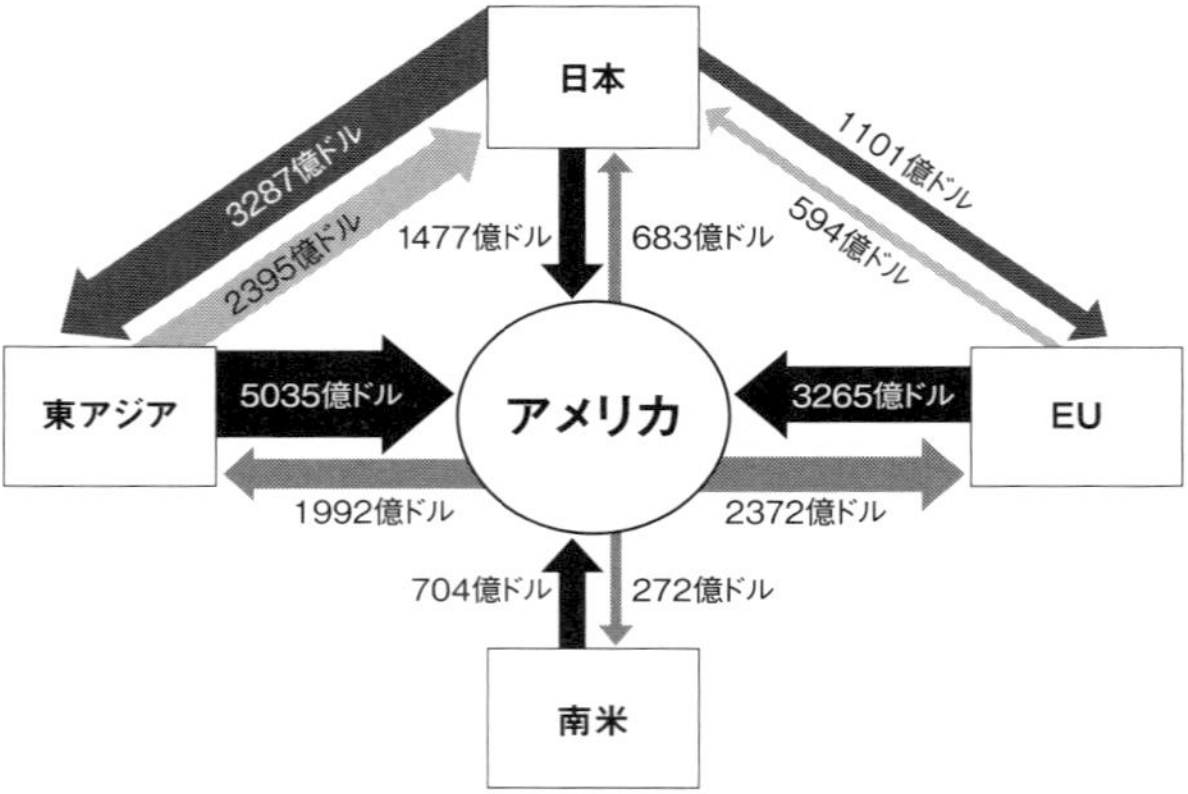

経済産業研究所「RIETI-TID 2010」より作成

たらと消費して世界中から物を買いまくることによって世界経済の成長を支えてきたわけです。

アメリカは自分たちがローマ帝国の再来だと誇らしげに言います。ある面では当たっていて、帝政時代のローマ市民は旺盛に消費するんですよね。自分たちではモノをつくらず、辺境でモノをつくらせて、それを都市にもってきて消費し続ける。帝国中に張り巡らせた道路を利用して辺境で生産したモノを、中央にもってきてそこで消費するという構造です。そのなかをお金が循環していく。

この構造はアメリカがやってきたことと

非常に似ています。アメリカがブラックホールみたいにモノを吸い込んでいくなかで、アメリカにモノを輸出するアジアを中心とした国々がそこに従属的に組み込まれる、そういう形で世界が動いてきたと言えます。

このグローバル・インバランスが問題の核心だということはいまやだれの目にも明らかなのですが、簡単に解消できない事情もある。これを解消するためには、アメリカ以外の国々が内需を拡大して、経常収支の世界的な不均衡を是正しなければいけないのですが、それを転換するのは簡単ではない。

たとえば中国は、まだ国内の消費市場が小さいですしね。円で言えば、五〇〇兆円ぐらいのGDPの中で三割程度しか消費がありませんから、実質一五〇兆円ほど。それに比べてアメリカは七〇〇兆、八〇〇兆円という巨大な消費がある。これは日本二つ、三つ分くらいの大きさです。

中野　結局、中国もアメリカにモノを売って成長するのがもっともてっとり早いわけです。日本も同様で、アメリカに輸出するか、中国に中間財を売って、中国で組み立て、中国からアメリカにもっていくというかたちで二〇〇〇年代の景気回復があった。中国の驚異的な成長も、日本のつかの間の景気回復も、結局、アメリカの住宅バブルの産物である大量消費に支えられていたわけです。

その住宅バブルがはじけたわけですから、グローバル化もアジアの成長も頓挫したのです。長期的にはアジアはまだ成長すると信じている人が多いですが、アジア、特に中国はこれから急速に少子高齢化するし、この後、議論していくと思いますが、中国が抱えている問題は、生易しいものではない。中国はこれから厳しい試練を迎えます。ですから、アジアの成長と繁栄に期待し、そのおこぼれにあずかろうなどという発想では、日本は到底、生き残れないのです。

▼金融自由化でほころびを隠していたアメリカ経済

柴山　ここで問題にしたいのは、経常赤字を積み重ねながら、まがりなりにもそんな奇妙な帝国経済のような構造が、なぜ継続していたか、ということです。

本来ならそんな赤字を抱えていれば、大変なことが起きるはずなのに、インフレも起きない、経済成長もまあまあという、嵐の起きないような状態が、この二〇年、特にこの一〇年間ぐらいは顕著に続いていた。グレート・モデレーション、大いなる平穏の時代という言葉まで流通していたほど安泰でした。そして今は、そのツケを支払わされていると言えます。

時計の針を少し巻き戻してみましょう。アメリカの貿易赤字が拡大しはじめたのは、ベトナム戦争やインフレなどで疲弊していた、一九七〇年代です。それ以降、ブレトンウッズ体制を放棄しつつ、グローバル化と金融自由化を進めてきたのです。

ブレトンウッズ体制というのは、第二次大戦後の西側世界で、為替をドルで固定し、各国の経済政策の自律性を保つ代わりに、資本移動は制限する、という体制でした。

しかし、アメリカの貿易赤字が拡大してきたために、この体制が維持できなくなり、一九七一年のニクソン・ショック以降、段階的に金融自由化を進めた。つまり、資本移動の制限を段階的に外し、為替も自由化した。アメリカの赤字がいくら拡大しても、その分、アメリカへの資本移動があればファイナンスできるような構造にしてしまったのです。

中野　マネーのグローバル化は、そんなふうにアメリカのご都合主義で進んできましたが、その結末がリーマン・ショックと今回の世界大不況というわけです。要するに、約四〇年続いた経済システムが破綻したわけで、これまでとは違った経済システムへと移行しなければならないのです。

▼過剰な資本移動が危機の連鎖をもたらした！

柴山　グローバル化を支えているのは、資本移動の自由です。しかし第一次グローバル化の時代、つまりブレトンウッズの前の、金本位制の時代にもあったことなのです。モーリス・オブズフェルドとアラン・M・テイラーの有名な論文で明らかにされていますが、戦前の金本位制の時代も、資本移動はかなりの規模で行われていたんですね。

国際金融の歴史を、図2のように、金本位制、ブレトンウッズ、ポスト・ブレトンウッズの現在と三つの段階に分けてみてみましょう。その違いは国際金融のトリレンマ理論を用いるとはっきりします。

中野　国際的な資本移動の自由と為替の安定化、そして各国の金融政策の自律性、この三つをすべて同時に確保することはできないよ、というのがトリレンマ理論ですね。

柴山　その理論でいくと、戦前の金本位制は、為替を固定化して、資本移動を自由にする

図2　国際金融システムの変遷

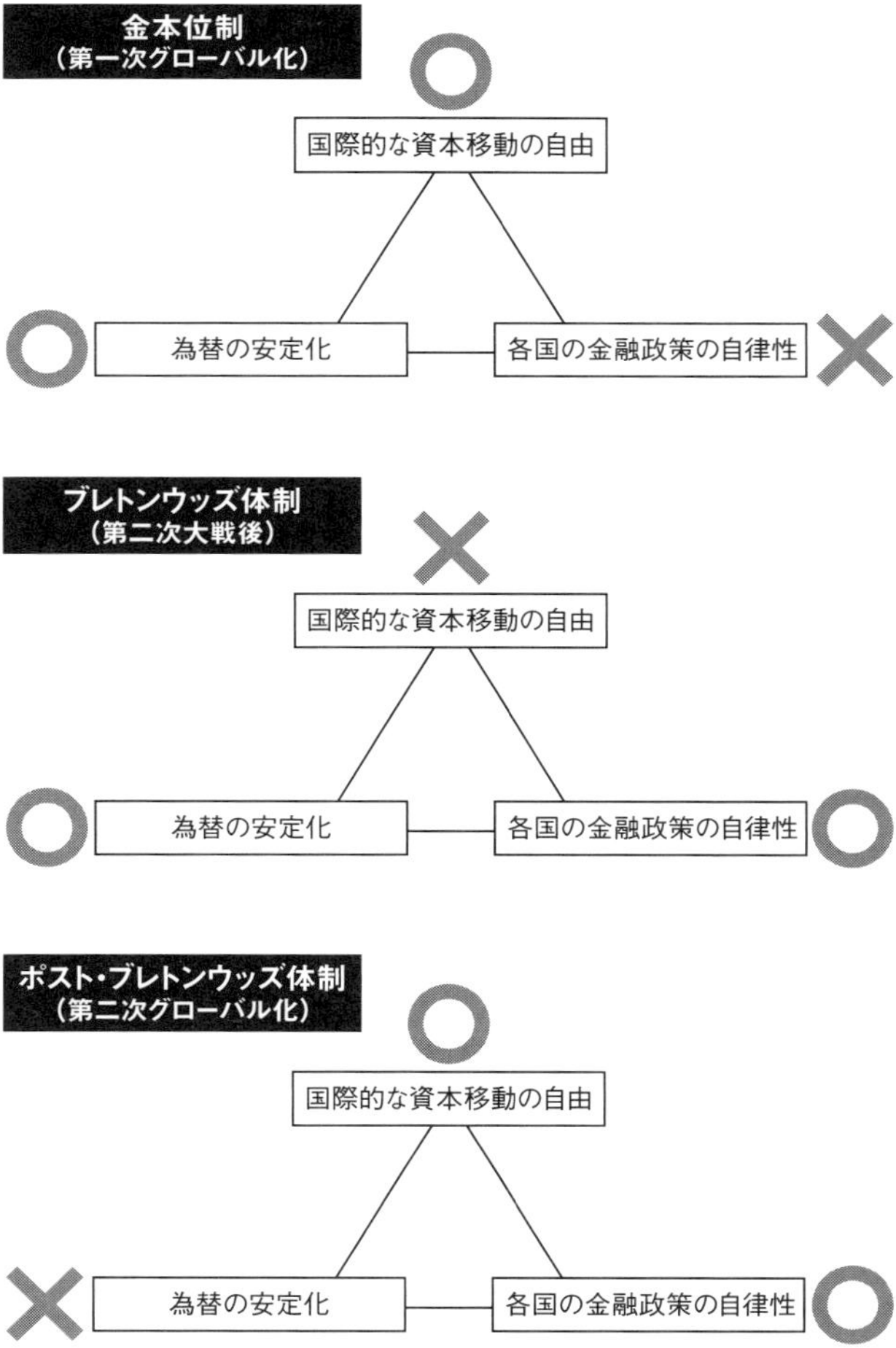

代わりに、各国は国内の経済政策を自由にできない仕組みでした。

この体制の下で、第一次グローバル化が起きたのですが、これにはかなり問題がありました。国民生活が非常に不安定になるからです。戦前のヨーロッパでは、好景気になると消費が増えて、貿易赤字になるということがよくあった。赤字になると金を相手国に送らざるを得ないので、金融引き締め政策をとる必要が出てくる。つまりこの体制を維持しようとすると、貿易赤字の国は必然的にデフレを促す政策をとらないといけない。しかし一九世紀後半からヨーロッパでは民主主義が広がってきて、そんなことをやっていては政権がもたなくなったんですよ。

中野　デフレを耐え忍んでくださいと言われても、国民にしたら無理なことですからね。

柴山　だから、こんな体制は全然サステイナブルじゃない、国家の主権や自律性を守るために金本位制などやめたほうがいいと、第二次大戦前、ケインズは批判していました。

そこで戦後出てきたのがブレトンウッズ体制です。先ほどのトリレンマ理論で言えば、ドルで為替を固定化し、資本移動を制限する代わりに、各国の経済政策は自律的に行えるようにする。各国の自律性を尊重しながら、戦争で停止してしまった貿易を復活させようとしたわけですね。しかしドルが弱くなった七〇年代以降は、この体制も維持できなくなった。
　そこでニクソン・ショック以降は、為替の安定化はあきらめる、そのかわり、各国の金融政策の自律性とグローバルな資本移動を認めるという体制になっていったわけです。
中野　金融を自由化すれば、お金のない途上国が投資を呼び込むことで発展できるからいいじゃないか、と当時は言われていましたね。
柴山　もちろんそういう面はあって、ブレトンウッズ体制の下では資本移動が制限されていますから、資本や技術をもたない途上国が成長するのは大変だった。お金がないから急激には成長できない。資本移動が自由化されたことで、外資をうまく呼び込んだ中国のような国が、急速に発展する。しかし一方で大量のマネーが流れ込むので、途上国を舞台としたバブルが生まれやすくなっている。
中野　私の理解では、金融の自由化は行きすぎるとやはりまずい。八〇年代の半ばぐらいから、スーザン・ストレンジという国際政治経済学者が、カジノ資本主義だと言って批判をしていたんですが、その予測どおりのことが起きた。資本の移動を自由化すれば、資源が効率的に配分されるとか、均衡するという経済学の理論と違って、現実には一カ所にお金が集まりすぎてバブルになり、そのバブルは必ず崩壊する。

柴山　その典型が九七年のアジア通貨危機ですね。

中野　そうなんです。アジア諸国は外国資本が入りやすい環境を整備して、外資を呼び込んで成長したのですが、それはバブルだった。そしてバブルがはじけたときに、見事に外国資本や海外からのマネーは逃げていった。

そしてこの通貨危機を経て、アジアの国々は、もう資本移動の自由化、外資の導入はこりごりだと思った。経常収支を赤字にして、貯蓄不足の状態で外資を入れていくと、後でとんでもないことになる。そのための防衛として、国内で経済危機になっても、自分たちで賄えるように、今度は黒字をため込んで内需を拡大せず、せっせとアメリカに輸出し、外貨を稼いでため込むようになった。しかし、外貨を積み上げてもそれを運用しなきゃいけない。そこで、その積み上げたお金を住宅バブルにわくアメリカに流し込んだ。

そのせいで、アメリカは住宅バブルにもかかわらず、金利は低位に推移し、バブルはどんどん膨らんでいってしまったのです。

▼大恐慌の教訓を忘れて進めた自由化の罠

柴山　そのバブルがはじけた結果がリーマン・ショックですね。

中野　そうです。しかも金融のグローバル化が進んだ現在では、バブル崩壊のショックが世界的に予想もつかない形で連鎖する。資本主義にバブルはつきものですが、九〇年代初頭までは、S&L危機にしてもアメリカ国内で閉じている話でした。しかし今は違う。金融のグローバル化が進んでいたために、リーマン・ショックは世界中に激しい勢いで飛び火する結果となり、ついに同時多発的な国家債務危機にまで発展したのです。

柴山　資本移動の自由がある時代には、バブルが起きやすくなるうえに、それが崩壊すると一国にとどまらず世界的に連鎖するんですね。第一次グローバル化の時代も、まさにそうでしたし、一九二九年恐慌も、その文脈で理解する必要がある。

中野　その反省から戦後のブレトンウッズ体制のもとで、過剰な資本移動を抑えこんだ。だから、その時代は、いわゆる連鎖的な金融危機というのはほとんどない。九〇年代初頭の日本のバブルでさえ、日本国内ではじけて終わりだった。

柴山　結局、今の世界経済の問題は、アメリカが経常収支の赤字を過剰に膨らませているのに、それを海外からの投資でファイナンスするというやり方に相当の無理があったということです。

▼格差社会では製造業は発展しない

中野　この状態から抜けだそうと思ったら、やはりグローバル・インバランスを解消しないといけないわけです。

ごく簡単に言えば、アメリカは輸入ばかりするのをやめて輸出を増やさないといけない。一方、東アジア、日本、ドイツなど経常収支の黒字をため込んでいる国は、内需を拡大して、輸入を増やし、輸出依存での成長はやめないといけない。理屈のうえでは実にシンプルな話なのですが、一向にその方向には行かないんですね。

柴山　リーマン・ショックの後も、日本では外需を取りに行くべきと盛んに言われている。アメリカ側も、いったん衰退した製造業を復活させるのは簡単ではないですよ。

中野　そのとおりです。八〇年代に国際競争力で日米摩擦が起きたときによく言われたように、日本の製造業の輸出産業の強さというのは、日本文化と密接に関わっています。あのころ、マサチューセッツ工科大学を中心に「メイド・イン・アメリカ」というレポートが出されて、アメリカと日本とドイツを比較して、なぜ製造業が強いところと弱いところがあるのかという分析をやったんですね。そこで出た結論は、製造業、モノづくりの強さというのは、その国の国民性や文化と切り離せないということなんですね。

たとえば、アメリカが海外との競争を遮断して、国内で製造業を強くしようとしても、そう簡単にはいかないのです。製造業のようなものを発展させるには、勤勉さとか、人と協力しあう慣習とか、倹約して将来のために投資しようとする精神とか、いろんな文化的な条件や過去からの蓄積が必要なんです。これはフリードリッヒ・リストという一九世紀ドイツの経済思想家も言っていることです。

さらに、製造業が発展するためには一般労働者の水準が高く、彼らが意欲的に参加意識をもって集団行動することが不可欠です。ところが、貧富の格差が拡大して中間層が失われているのがアメリカで、中間層の再生に挑戦して失敗しているのがオバマ政権なのです。

アメリカが対外的に稼げそうな分野というのは、農業のような一次産業か、金融やソフトウェアなどの三次産業でしょう。しかし農業は、特にアメリカは大規模効率化しているので、そんなに人手がいらないわけですよ。だからいくら農業で儲《もう》けても、雇用の拡大や所得格差の是正にはほど遠い。そうするとソフトウェアとか金融とか保険とかのサービス産業ですが、この分野で稼げるのは高学歴のエリート層だけです。だからこの分野で輸出を伸ばしても金持ちがもっと豊かになるだけなのです。

柴山　iPodやiPhoneが売れていますが、あれは部品の調達から組み立てまでほとんどアジアでやっていて、アメリカではほとんど生産していない。だからアップルがいくら稼いでもアメリカの製造業の衰退はまったくといっていいほど押しとどめられない。製造業が復活しないと格差の是正はできないと僕も思います。

▼上がらない賃金――グローバル化はデフレ圧力

中野　格差の問題は重要で、グローバル化によってアメリカに限らず先進国で格差は広がりをみせています。フランスの家族人類学者、エマニュエル・トッドも指摘していることなのですが、二〇〇〇年代のグローバル化で、先進国はどこも労働分配率が落ちているんですね。特にアメリカは二〇〇〇年代、実質賃金が横ばいなんですよ。景気がよかったのに賃金が増えないという事態になっている。つまり、これはグローバル化がデフレ圧力になるということなんです。

「グローバル化がデフレ圧力になる、自由貿易はデフレ圧力になる」ということを私が言うと、「そんな証拠はない、今までグローバル化していたけれども、デフレだったのは日本だけだろう」と反論される。

もちろん日本がデフレになった原因で決定的なのは、橋本政権のときの緊縮財政、消費税増税だと思いますが、グローバル化したのになぜデフレ圧力が日本以外では顕著に見られなかったのか、という問いにはこう答えたいと思います。簡単なことなんですよ、賃金が上がってないのに消費が衰えなくてデフレが起きないということは、借金してまで消費を続けていた。それにつきる。

実際、アメリカで負債の比率がどんどん上がっていたのです。なぜ負債の比率が上がっていたかというと、これは住宅バブルが起きていたからです。デフレなんか現象として起きてないじゃないかといっても、実際には賃金が上がってないんです。

おそるべきことに、アメリカという国は、モノ、ヒト、カネのグローバル化によってデフレの圧力があったのを、実は二〇〇〇年代は金融化でごまかしていたんですね。住宅バブルが崩壊してその過剰負債が吹っ飛んだのだから、今、世界中がデフレの危機に陥っているわけです。

柴山 グローバル化が先進国でデフレ圧力になっているのは間違いないと僕も思いますね。だからトッドが言うように、ある段階から各国とも、自国の雇用を守るために保護主義に回帰する可能性は高い。最近、グローバル化が後退していく現象を、欧米ではデグローバリゼーションと呼んでいますね。日本語で言えば脱グローバル化ですが、そういう動きはこれから世界各地で出てくるでしょうね。

▼ティー・パーティ問題で、格差是正に失敗したオバマ

中野 私もそう思います。ただ、アメリカの場合は、脱グローバル化して助かるかどうか怪しいんです。脱グローバル化をして、賃金を上げて所得を増やし、消費者が借金をしないで消費をできるようにするのが健全な姿ですが、一般消費者が所得を上げるためには貧

図3　アメリカの富裕層（上位1%）の所得が国民総所得に占める割合

Emmanuel Saez, "Striking it Richer: The Evolution of Top Incomes in the United States (Update with 2007 estimates)", 2009. より作成

富の格差を是正しなければいけない。図3でも明らかなように、アメリカというのは、富裕層に富がかたよっていて、とくに上位一%が国民総所得の二五%近くを専有しているわけですよね。しかも、その一部の金持ちが政治を牛耳っている。「財務省・ウォール街複合体」というやつです。

格差の是正には、権力と地位を支配している金持ちたちが、これをあきらめて所得の再分配に同意するという奇跡が起きないとだめなわけです。ところが、オバマは貧富の格差是正というアメリカにとっての大問題の解決に失敗したんですよ。

アメリカはもともとイデオロギー的に貧富

の格差の大きさについてはえらく寛容な変わった国民なんですが、それがここであだになってしまった。アメリカは、あなたたちが貧しいのは、あなたたちの自助努力が足りないせいだというのが建国以来の精神です。いわゆる自己責任の国で、オバマが国民みんなを保険に入れようとしただけで社会主義だといって批判されるという国柄ですよね。

その国柄を顕著に体現しているのがティー・パーティ（オバマ政権の「大きな政府」路線に対抗する保守系市民運動）ですよ。「建国前のボストン茶会事件のころの精神に立ち戻れ」なんて、めちゃくちゃなことを言っているけれど、彼らは結局、貧富の格差を容認するようなことしかしてないのですから。

貧富の格差を是正するということをやらないかぎり、アメリカはどうにもならない。しかし、その貧富の格差の是正というのはすぐれて政治的問題であり、それこそ社会的問題です。ですから、アメリカの金融がいかに強かろうが、ハーバード大学のマイケル・サンデル先生の白熱教室で教育を受けたエリートたちがいかに頭がよかろうが、核兵器を死ぬほどもっていようが、どうにもならんのです。

▼金融化されてしまったアメリカの家計

柴山　さらにいうと、アメリカ国民の生活がこの二、三〇年間でものすごく金融化されてしまったことが問題を深刻にしています。

よく言われることですが、日本人は、自分のもっている金融資産のほとんどが貯金で、銀行に預金している。アメリカは、自分の資産の三割ぐらいを株式、三割ぐらいを投資信託などに預けているんですね。年金なんかも株と連動している。つまり、資産価格が右肩上がりで上がってくれないと、一般家計全体が困ってしまうという、その構図がずっと続いているんです。

八〇年代後半ぐらいからアメリカは株高政策です。不況になるたびに金融緩和をして、とにかく資産価格を維持するという政策をずっとやり続けてきた。現在の段階で、アメリカは量的緩和を一時的にやめている状態ですが、株価が下がれば、やっぱりやらざるを得ないと僕は思います。

ということは何を意味するかというと、バブル崩壊から反省して、国内産業を地道に立て直そうという方向には行かないということです。国内産業を地道に立て直して、長期的に雇用の質を高めて格差を縮小させるような時間的余裕も、国民の精神的余裕ももう存在しないでしょう。今の帝国経済をそのままなんとかごまかして維持するということ以外、アメリカはやりようがないんじゃないかという気がします。

中野　結局アメリカは、さらなる金融化、帝国化しか道がないということですね。つまり、TPPその他を仕掛け、ブッシュ政権期にやったような金融化を推し進めて、グローバル・インバランスをさらに拡大させていくというプロセスに入っていかざるを得ない。そうしないとこの世界不況から脱出できない。

柴山　グローバル・インバランスを拡大するということは、アメリカの消費者が再び借金を増やして、世界中からモノを買い続けるということです。そりゃ、株が上がってお金が増えて、それで消費しているほうが楽しいし、楽ですからね。その生活が今後とも続けられるのであれば、その路線にはだれも反対しないでしょう。

▼アメリカ帝国経済維持のために犠牲になる日本

柴山　問題は、グローバル・インバランスに基づいた世界の成長って、非常に不安定だということですね。だってアメリカのバブル的な好景気が終わると、世界経済が混乱するわけですから。それに短期的に言えば、次のバブルがすぐに生まれるとは思えない。だから混乱はしばらく続くでしょう。

中野　恐ろしいですよ。

柴山　では、どうすればアメリカが今の帝国型の繁栄を続けられるかといえば、アジアの国々がモノをつくって、アメリカへの輸出を認める代わりに、金融面でちゃんとアメリカを支えてもらわなきゃ困るわけです。アジアの国がドル建ての資産保有を見直すとか言い始めることが一番アメリカには困る。これからもアメリカが帝国型の経済を続けるために、何をしてくるかは明白なんですね。アジアの国々にアメリカの経済を死ぬ気になって支えてもらう、そういう要求をどんどんしてくると思いますよ。

そう考えると、アメリカにとって最も忠実なパートナーであり、かつアメリカ経済を支えるだけの貯金をもっている国はどこか。日本ですね。これまでもアメリカは日本に対して自分たちを支えるよう水面下で要求してきたけれど、これからはもっともっと露骨にやってくるんじゃないか。

とりわけ日本は中国と軍事的に、尖閣問題を含めていろいろ問題が出てくる。そのたびにアメリカは、日本に肩入れをする振りをしながら、とにかく我々をパートナーとして支えるようにふるまい、日本を自分たちの経済圏にとどめおいて、日本から資金がアメリカに還流できるような仕組みを維持し続けるという方向にますます舵《かじ》を切るのかなという気がするんですけどね。

中野　アメリカの政府文書を読めば一目瞭然ですが、日本が明白にターゲットにされていることは確かです。その典型がＴＰＰというわけで、私は反対しているのですが、その構造を理解できない日本人が多いのです。

ＴＰＰ推進論者は、米韓ＦＴＡ（自由貿易協定）を羨ましがって、日本も乗り遅れるなと主張します。ですが、米韓ＦＴＡこそ、まさに、アメリカの収奪戦略の典型です。

韓国はアメリカの関税を撤廃してもらいましたが、韓国企業はすでにアメリカでの現地生産を進めているので、関税など最初からほとんど意味がありません。

でも、その代償に、韓国は農産品はコメを除いて実質的にすべて自由化することになりました。自動車は、米国メーカーが参入しやすいように、安全基準や排ガス規制を緩和することになりましたし、協同組合の共済は、アメリカの要求どおり、解体です。法務・会計・税務サービスや知的財産権の条項も、アメリカの要求に従っています。さらに投資家は不利益をこうむったら政府を訴えることができるというＩＳＤ（Investor-State Dispute）条項もあります。

オバマは、米韓ＦＴＡはアメリカ人の雇用を七万人増やすと喜んでいます。これは、韓国の雇用七万人が奪われたということですよ。米韓ＦＴＡは、まさにＴＰＰのよい前例です。

▼なぜ主流派経済学では処方箋が描けないのか

中野　それにしても、アメリカはどうしてこんな壮大な失敗をしたのかを私なりに考えてみると、これは経済政策を処方してきた経済理論に根本的な問題がありますね。たとえば不況になったら需要を刺激して拡大するとか、経常収支が赤字だったら供給を拡大するとか、マクロ経済政策のＧ（政府支出）とかＩ（民間投資）とかＳ（貯蓄）とかＣ（消費）とか、そういうパラメータの数字だけで言う分には簡単なんです。

でも、C、コンサンプション＝消費というのは、単に数字のCじゃなくて、やっぱり人間の生活習慣とか、生活様式とか、文化に密接に関係しているので、クリスマスになったら借金をしてでも盛大にお金を使うんだという国は、Cを抑制しろといってもできないんですよ。イスラム教徒に豚肉の消費を拡大しろといったって、絶対にやらないだろうというのと同じです。

マクロ経済政策というのは、もっと社会学化、文化人類学化しなくてはいけないと思うんですね。ところが、そういった議論がこれまでなかったし、当然政策にも反映されてこなかったですよね。ここに来てアメリカはついにその問題に直面した。ありていに言えば、国家が過大な消費をし続け、金融化されているのが当然の世界に生きている人たちに、借金をやめてまじめに働けといっても……。

柴山　そう、いまさら消費をするなと言ってももう社会構造上、無理なんですよ。そして格差社会をあらためろといっても無理だという気がする。アメリカももともとはピューリタン的伝統があったのですが、二〇世紀以後はずいぶん変質してしまいました。

▼社会的ダーウィニズムが強すぎるアメリカ

柴山　なぜ無理なのかというと、アメリカは社会的ダーウィニズムの風潮が強いんですね、進化を生み出すのは生存競争だというね。競争がなくなると進化が止まる。だから社会はつねに新陳代謝が必要だと考えていて、経済でも独占や寡占にアメリカ人は厳しいでしょう。アメリカの自由主義のベースには、そういう考え方がある。

中野　似たような話で、アメリカが建国してから五〇年しかたっていないころ、フランスの外交官にして思想家であるアレクシス・ド・トクヴィルが実地調査をして書いた『アメリカのデモクラシー』という本がありまして、彼はアメリカ人ってとんでもない連中だと言っているんですね。いろんなおもしろいことが書いてあるなかの一つに、社会的ダーウィニズムを思わせる記述があって、ヨーロッパ人は船を頑丈につくり、何度も使うが、アメリカ人というのは船を壊れやすくつくっている。走らせて壊れたら、次をつくる。新陳代謝を好み、最初から船を壊れやすく、頑丈にはつくらないのだと。建国のころからそうなんですよ。

柴山　新自由主義というものを考えるとき、これが社会的ダーウィニズムと結びついていると考える必要があると思う。彼らの考え方では、自由が大事というより、新陳代謝そのものが大事なんです。新陳代謝がないと進化が止まると考えるから。

九〇年代に日本にも遅れてアメリカ式の新自由主義が入ってきたわけですが、そこでも新陳代謝ということが盛んに言われた。それが政治のほうに入っていって、これまでの仕組みをすべて壊していこうという構造改革になった。古いものを壊さないと新しいものが生まれない、という破壊的な気分がマスコミを中心に急に広がりましたね。

▼曲解されてきたハイエクの言う個人と自由

中野　九〇年代の日本の状況をこのまま続けて話してもいいですか。九〇年代に新自由主義がはやり出したとき、私はまだ大学生でしたが、この議論をおかしいと思っていた。

このころ日本型の経済システム、たとえばこれまで礼賛されていた日本型経営が急に批判の対象となりましたよね。それに対する違和感が一つ。もう一つは、自由化というときの自由、経済的自由とか政治的自由って何なんだろうということで、ミルトン・フリードマンとならんで、自由主義の権化と言われていたフリードリッヒ・フォン・ハイエクを読んだ。そして、えらいショックを受けたんですよ。
確かにハイエクは、個人の自由が大事だと言っているのですが、個人の定義が一般にイメージされているのとは違うんです。日本では「これからは個の時代だ」とか言われて、ひとりでベンチャーを立ち上げるような個人を大事にしろ、と盛んに言われていた。でもハイエクの言う個人はそうじゃなくて、共同体の一員で、歴史とか伝統とか慣習に束縛された個人である。そういった人たちが活動してはじめて安定的な市場秩序ができ上がるという話なんです。

柴山　人間は歴史的につくられたルールというものに強く拘束されている、ということが、ハイエクが一貫して主張していたことですね。そのルールというのは、いわゆる法律という目に見えるものよりも、道徳とか文化的な慣習のような、目に見えないものでつくられている、と。

中野　ハイエクが一九四〇年代半ばに書いた「真の個人主義と偽りの個人主義」という有名なエッセイがありますね。真の個人主義というのは伝統や共同体に束縛された個人を考える。偽りの個人主義というのは、まさに物理学でいう原子のように、人間関係とか歴史とか慣習、共同体から切り離された孤独でさみしい個人。この個人というのは非常に弱い存在なので、全体主義的なリーダーのところにわっと集まって、国家の言いなりになっちゃうから、おれは嫌だとハイエクは言っている。共同体とか文化とかを破壊したり強引につくり替えようとすると、必ず全体主義に行き着くんだという指摘に私は非常にショックを受けた。まさにそのとおりなんですよ。

柴山　ハイエクが考えたのは、どうして文明社会はこれほど秩序だっているんだろうか、という問題です。未開社会と違って文明社会は人口も多いし、社会も複雑ですね。こんな複雑な社会をなぜ維持できているかというと、人々が目に見えないルールに従っているからだ、と。人口が増えて、社会が複雑化する歴史の過程で、人々が共存できるように有形・無形のさまざまなルールが編み出されていて、それに従っているから我々は安心して自分の仕事に専念できる。

中野　そうなんです。日本的経営と言われるものだって、歴史や文化の流れのなかで少しずつできたものですよね。だれかが設計したり、指令したものではなく、戦後みんなで肩寄せ合って苦労するなかでできたものだとすると、多分ハイエクは、日本的経営こそが自生的な秩序、スポンテニアス・オーダーであって、真の個人主義の基礎であると言ったに違いない。

それなのに、日本の新自由主義者たちはそれをぶっ壊すと言っている。ハイエクに言わせれば、彼らは偽りの自由主義者であり、全体主義者なのです。実際、小泉政権時の政治は見事に全体主義的だった。

▼規制緩和論の誤謬《ごびゅう》

柴山　規制緩和というときの規制だって、もちろんいろいろな規制があるから一概には言えないけれど、基本的には民間の利害対立を調整するためにつくられてきた経緯がある。規制って、英語のレギュレーション（調整）ですからね。
よく言われる大店法にしても、地元の小売業者の利害や、新しく登場したデパートとかスーパーの利害、消費者の利害その他を調整するためにつくられたもので、行政が勝手に設計してつくったというより、いろんな利害をもつ民間が共存していくために、複雑な絡み合いのなかでつくられたものだったんです。もちろん時代に応じて規制は修正されないといけないけれど、一挙に取っ払うと秩序は大混乱になるのは目に見えていた。

しかし、そういうラディカルな規制撤廃を推し進めようというのが、新自由主義ですね。

中野　規制というのはつくるのは大変だけど、破壊するのは簡単なんです。

柴山　破壊するのは子供でもできるけど、つくるのはいろんな利害の絡みがあるから時間も手間もかかる。

中野　だから利害調整は大人じゃないとできないし、一〇〇点満点の規制なんてものはできないんです。ところが、我が国の国民ときたら子供のまま大きくなってですね、「なんでこんな複雑な制度があるんだろう。僕にはわかんないから、撤廃しちゃえ」って、こうなっちゃう。

柴山　規制緩和論が出てきた背景というのは、日本は規制が多すぎて新しいビジネス・アイデアを実行に移そうとしても障害が大きい、というものでした。九〇年代の長期不況のときは、規制が多すぎるから経済成長ができないとも言われた。

でもちょっと考えてみればわかるけど、日本の高度成長期って規制だらけだったじゃないですか。規制緩和論者は規制を取っ払えば市場が効率化して、経済は成長すると考えているけれど、規制と成長の関係って、そんなに単純なものじゃない。ハイエクは規制緩和論によく利用されますが、市場というのはいろんな規制のうえに成り立っていて、歴史的に意味のある規制もいっぱいありますよね。だから、簡単に撤廃したり強引に上から再設計したりしてはいけないというのがハイエクから学ぶべき大事なポイントですよ。規制がおかしいのであれば、個別の現場で少しずつ改良できるよう努力していくしかない。

中野　つまり漸進的な改革しかない。

▼暗黙のルールがつくる秩序で機能するのが成熟社会

中野　ハイエクの自由主義というのは、じつは反合理主義なんですよ。つまり、人間の理性なんて限界があるから、慣行、慣習、マナーといったルールに従ってくれと。そういうルールに従わないと、人間は不完全な理性しかもたないので、制度を設計したりすることはできないんだというのがハイエクの考え方なんですね。

だから、理性を使って社会や国家という複雑なものも合理的に設計できるというのは、マルクス主義や全体主義の誤謬であるとした。彼らは自分たちの理論に従って世の中を設計し、その理論から外れたものについては弾圧を加える。

ハイエクにとって全体主義というのは合理主義で、反合理主義こそが自由主義なんですよ。ところが、日本では合理主義っていい意味で使われていますよね。

柴山　ハイエクの反合理主義というのは非合理と違って、合理主義を警戒しろ、という意味ですね。合理主義者って簡略化したがるんですよね。制度でも規制でも、複雑すぎるから単純にしなければならない、と考える。

ハイエクが合理主義を警戒するのは、合理主義で社会を変えようとすると、複雑な社会を成り立たせる無数のルールの絡み合いを壊してしまうからです。それで秩序が壊れた後に全体主義がやってくると警告した。

今、新自由主義が世界中に広がったことで、各国とも経済のレギュレーションを失いつつありますね。人々の生活の安全弁みたいなものが、どんどん取り払われている。そのうえで、今回の危機が起こった。これからは、社会の無秩序化にますます拍車がかかると思いますね。

第二章　デフレで「未来」を手放す日本

▼アリ地獄のような債務デフレ不況

柴山　このグローバル恐慌にむかう世界のなかで日本をどうするか。この章では、とくに日本の苦しんでいるデフレ不況について議論をしたいと思います。

第一章で話したように、アメリカはこの三年間ぐらい、とにかくお金をばらまき続けて、なんとか不況を食い止めようとしたけれど、どうにも止まらない。日本も、バブル崩壊にはずいぶん苦しめられて、最終的にはデフレになった。アメリカも、巨額の財政出動と金融緩和で一時的に持ち直したかにみえたけど、その効能が切れた現在では、日本と同様デフレの危機に直面している。

中野　いわゆる債務デフレになると、なかなか止まらないわけですね。デフレですから物価は下がっていく。物価が下がるというのは、裏を返せば、お金をもっておけば、将来もっとたくさんモノが買える、貨幣価値が上がるということなので、だれも消費をしない、だれも借金をして投資をしない。むしろ、今ある借金を返そうとする。

借金を今のうちに返さないと、後で返す負担が膨らんじゃうという世界ですよね。したがって、投資や消費は収縮して、もっとデフレが進むという悪循環が起こってくる。

柴山　どうしてみんなお金を借りなくなるのか。仮に金利を〇％にしても、住宅の値段が下がり続けるとローンを組んで家を買った人間は、結局損するのです。だからお金を借りない。逆にインフレだと、仮に五％の利子率でも住宅価格が一〇％ずつ上がり続ければ得するんですよ。

これが資産効果というものの恐ろしさで、どんなに利子率を下げても、資産価格の下落が止まらないと、結局、民間はお金を借りないんですね。買ったとき三〇〇〇万円の家が、ローンを払い終わるころには、五〇〇万円になっていると思えば、みんな家なんか買わなくなってしまう。特に住宅は個人の買い物では一番大きいので、これが売れなくなると、猛烈に消費の足を引っ張っちゃうわけです。

中野　それが、日本が一九九八年以降陥っているデフレということですね。アメリカは今、そのデフレを目前にしている。戦前の大恐慌というのは、まさにデフレだったわけですが、戦後になってからデフレを起こしたのはじつは日本だけなんですよ。

どうしてかというと、大恐慌を経験した政策担当者、経済学者のコンセンサスとして、デフレだけは二度とご免だというのがある。ケインズが理論化したように、デフレを防ぐ方法として、お金を市場にばーっと流すやり方がありますが、お金を流しても、デフレの間は、お金をだれも使わないので、銀行にたまっちゃうんですね。デフレでは金融緩和は無効になるのです。経済学者のなかには、金融政策のことを紐《ひも》にたとえて、「紐では押せない」と言う人もいます。つまり、インフレ退治のために金利を上げるのは効果的ですが、デフレ退治のために金利を下げても効果に乏しいのです。

貨幣価値が上がるデフレでは、経済合理的に考えて、だれも消費や投資をしないという状況になる。つまり、民間の力だけでデフレを脱却することは不可能だということになりますね。

そうなると、民間以外に投資や消費をする主体が必要になってきます。それが、政府なんですよ。政府が財政出動を行い、それと金融緩和をセットでやる。そうしないことには、絶対にデフレから脱却できない。

日本人はデフレが怖いとか言っておきながら、そのほんとうの恐ろしさを知らない。だから本格的な財政出動どころか十分な金融緩和すら行わなかった。よく、財政出動は効果がなかったという議論を聞きますが、そんなことはない。小渕政権と麻生政権の財政出動は、景気悪化を食い止めたし、財政収支の改善までもたらしている。でも、小渕総理は途中でお亡くなりになり、麻生総理は選挙で引きずりおろされたので、財政出動が十分に行われなかったのです。

▼日本のデフレは構造改革派に責任あり！

柴山　日本はデフレより、インフレを過度に恐れる傾向がありましたね。八〇年代、竹中平蔵なんかを中心に、日本は物価が高いとずっと言い続けてきた。東京は世界で一番物価が高い、これを下げなきゃいけないぞというのが、当時のまだ少数だった構造改革派の言い分だった。

中野　九〇年代になって、アメリカの新自由主義の影響を受けた構造改革派が主流になっていき、高コスト構造の是正をめざせ、という議論が広まっていったんですね。しかし、タイミングが最悪で、デフレが始まっているぞ、というときだったのに……。

柴山　そうなんです。バブルがはじけてデフレが始まりつつあって、手を打たないといけないときに物価が下がったっていいだろうと考えてしまったんですね。デフレが深刻化すると大変だという危機感がなかった。七〇年代から日本は物価が上がりすぎてインフレだったわけですが、これまで日本はインフレに悩んでいたんだから、これを調整するいい機会じゃないかという論調でしたね。

中野　もっと言うと、デフレで物価や賃金が下がったら、国際競争力がつきますよね。企業が競争力を手っ取り早く強化するには、人件費などコストをカットすればよい。賃金を下げ、首を切る。これって、デフレですよ。

グローバル化の時代だから国際競争力が必要だ、新興国の低賃金労働者に勝つためには、日本も低賃金にならないといけない、だからデフレでいいのだということになる。デフレという現象は、グローバル化とすごく整合的な話だったんですよ。

柴山　逆に言うと、グローバル化が進んでいる現状で、デフレを止めるのは大変だということですね。

中野　少し理論的に考えてみたいんですが、戦後、なぜ経済学者たちがデフレだけは絶対起こしちゃいけないと言ったかというと、デフレというのは、資本主義の停止状態だからなんです。デフレの本当の恐ろしさは、ここにあるんですね。

これはどういう意味かというと、キャピタリズム＝資本主義というのは、定義上、キャピタル＝資本が中心になる経済システムなんですよ。資本というのは、将来の果実を得るために、今、支出をすることなんです。それが投資というものです。

たとえば、パンを買うのに、今、お金を支払って、今、パンをもらいます。こうして普通にモノを買うことを、投資とは言いません。資本の役割ではないんですね。

資本というのは、今、お金を払って、たとえば五年後にリターンをもらう。投資というのは時間を超えた取引なんですよ。支出と購入との時間差がある。これが資本主義なんですね。

▼将来の不確実性にお金を出すのが資本主義の本質

中野　ところが、将来の果実に投資するといっても、その将来に何が起こるかわからないわけです。ある企業の株を買ったら業績不振で暴落しちゃったとかね。だから当然、投資するときには将来を予測したり、期待したりする。つまり、資本主義というのは、将来の不確実性に向かってお金を出す行為なのです。だけど、将来のことなんかだれも正確に把握できない。つまり、資本主義というのは、すごく非合理的な行動で成り立っているわけですね。

柴山　不確実性というのは、資本主義の現実を理解するうえで非常に重要です。具体例を挙げると、九〇年代前半に液晶テレビの生産が本格化しましたね。液晶は電卓などでは利用されていたんですが、テレビまで応用できるか、当時はまだ未知数だった。

シャープが本格的な液晶事業を始めたのは九一年くらいですが、当時の液晶は技術的に粗《あら》が多くて、しかも、非常に高コストで本当に採算がとれるかわからなかった。次世代テレビの標準が液晶になるかどうかもわからない。だから多くの家電メーカーが、投資を躊躇《ちゅうちょ》したんですね。液晶工場をつくるには、一〇〇〇億とかすごくお金がかかるんですよ。営業利益の何倍もの投資が必要ですから、失敗すれば会社が倒産しかねない。

でもシャープは、やっぱり液晶しかないと判断した。その判断の根拠って、あるようでないんですよね。シャープの副社長だった人にインタビューしたことがあるんですが、最後は運だった、と言っていました。ぎりぎりまで合理的にコスト・ベネフィットを考えるんだけど、最後はやってみなきゃわからないと。

でもそこで、えいやって投資したおかげで、液晶テレビがヒットした。中野さんが言ったように、将来の利益のために投資が行われて、これで経済が動くわけですね。

中野 それが資本主義ですね。将来の不確実なものに対して当て込んでやるという意味で、第一章でも名前を挙げたスーザン・ストレンジが、その極端なタイプをカジノ資本主義と言ったんですね。

資本主義そのものは、スーザン・ストレンジの言うように、ギャンブル的な要素を非常に強くもっている。将来、儲かるだろうと思って投資をする、融資を受ける、ローンを組む、そういう未来の利益を当て込んだ金融行為が働くわけですから。この金融とか、信用とか、資本とか、投資という行為が働かなければ、資本主義じゃない。資本が働かないのならば、それは資本主義ではなくて、単なる市場経済なのです。

つまり、九〇年代に日本の高コスト構造の是正を唱えた構造改革論者は、市場経済のことだけを考えていて、本質的な資本主義の構造はまったく考えてなかったわけです。市場経済と資本主義は違うんですよ。将来のことを考えないで、目の前の取引だけを効率的にやればいいというのは単なる市場経済でしかない……。

柴山　中野さんが言った、市場経済と資本主義の区別は、デフレだけでなく経済一般を論じるうえで非常に有益です。

それで言うと市場経済というのは、ある時点でモノが一定量あったときに、それを効率よく分配するための制度ですね。売りたい人と買いたい人がいて、値段が上がったらこれは足りないんだなとか、逆に下がったらこれは足りているんだなと、価格を媒介することでお互いをマッチングさせる。それが市場の論理です。でも、ここには時間という要素が入っていない。

他方、生きている経済というのは、ものすごくダイナミックに動いています。しかも投資する人は外部からお金を調達しますから、金融の働きも重要になる。金融こそ、信用や信認といった、非常に心理的な要因で動きます。こうしたダイナミズムこそ、資本主義の本質ですね。それを非常に明快に説明したのが、二〇世紀前半に活躍した経済学者、ヨーゼフ・シュンペーターです。

▼デフレは資本主義の心肺停止

中野　シュンペーターのように市場経済と資本主義をちゃんと区別しておくというのは極めて大事なことだと思います。

デフレというのは、物価が将来下がるかもしれない、貨幣価値が将来上がるかもしれないと思った瞬間にだれも投資や借金をしなくなる。先ほども言ったように、これは資本主義が心肺停止状態になるということだから、資本主義を望むならば、デフレだけは回避しなければならない。

もちろん、借金とか、信用制度、手形とか、そういう制度は前近代からもありました。しかし、産業革命、特に第二次産業革命までくると、大規模な投資が必要になってくるわけです。石油精製所とか鉄工所、半導体工場を建てるには巨額の投資が要りますが、それを自己資金だけで支えるというわけにはいかないですよね。

経済構造の産業化が進み、高度化すれば、信用制度がなくてはとてもそういう大きな投資はできない。資本というのは昔からあったのですが、産業革命が進むほど、市場経済の資本主義の度合いが大きくなる。つまり、実体経済と金融経済のうちの金融の部分が大きくなるという現象が起きてくる。ところが、デフレというのはその動きを殺して停止させてしまうということなんですね。

▼インフレは酩酊《めいてい》状態

柴山 デフレもそうですが、インフレも危ないんです。日本の場合は、デフレ以前のインフレにも問題があったと思う。インフレが続きすぎると危ない。だって、株が上がっていれば、みんなまじめに貯金するのをやめますよ。物価が上がれば、今のうちに買わなきゃもっと高くなると思って、無駄なものもどんどん買いますよね。

インフレが続いて消費が活発に続くという将来的な期待を前提にしすぎると、投資が過剰になってきます。本来、冷静に、事業が成功するかどうかをじっくり考えなければいけないときに、たぶん結構儲かるぞと、がんがん投資してしまう。労働者も賃金がどんどん上がっていくので、ある種の酩酊状態になって、これが無限に続くんだと思ってバブルが起こりやすくなるんですね。

だからデフレも危険なんだけれども、過度なインフレも制限しなきゃいけない。日本は、八〇年代初めにバブルの兆候があったんだから、かなり早い段階から規制して、インフレを抑えなければいけなかった。ところが逆の政策をやってしまったという、ボタンのかけ違いから日本経済の混迷が始まっている気がします。

中野　サッチャー、レーガンの時代、七〇年代末から八〇年代の欧米は、デフレよりも問題はむしろ目の前のインフレだと考えていたんですね。あのころは、インフレが続いていた。インフレは、デフレと逆で、貨幣価値が放っておくと下がっていく。賃金労働者の多い中産階級は、現金をもっているとその価値が下がっていくため、中産階級以下が没落することが懸念された。つまり、インフレで生じる階級格差の問題を当時は心配していたのですけれども、今のデフレは、資本主義が心肺停止に陥るので、経済そのものが落ちていく……。

柴山　デフレは完全に機能停止状態ですからね。

中野　だから、人工心臓をつけてでも生き返らせないといけない。その人工心臓が、いわゆる政府の財政出動で、心肺停止した民間に代わって経済活動を行い、蘇生させなきゃいけないんです。

柴山　これは教科書どおりの処方箋ですよね。

▼政治家の利益誘導・ばらまきがインフレの原因？

中野　ところが、ここからが非常に厄介な問題になる。フリードマンなどの新自由主義者、あるいはアメリカの公共選択学派では、経済学的な市場メカニズムの議論を政治学の分析に当てはめるという考え方があります。合理的な個人が利益を追求すると秩序が生まれるという経済学の話を、政治学に当てはめるとどうなるか。つまり、政治家が票を獲得するために、どう合理的に行動するかという分析なんですよ。

『行きづまる民主主義』という本のなかでジェームズ・M・ブキャナン（一九八六年にノーベル経済学賞受賞）が言ったのは、民主主義というのは、放っておくと、有権者が自分の利益拡大にばかり走るということです。

たとえば、政治家が票を得るために、私は地方にお金を出します、ばらまきますと言う。その政治家にみんなが投票した結果、権力を握った政治家が必要以上に財政出動をやる。日本でいえば田中角栄みたいなイメージですよね。そうやってお金をばらまいた結果、財政が悪化する。

つまり、民主主義というのは大きな政府や財政赤字をもたらして、世の中や民業を圧迫する。財政出動をしてはいけないときでも、みんながばらまきを求めて、全体のことよりも自分の利益を拡大することだけを考えて投票するので、財政出動を過剰にすることになり、インフレになるとブキャナンは指摘したわけです。

ブキャナンは、それを七〇年代、八〇年代にインフレがとまらなくなった原因として分析して一世を風靡《ふうび》したんですね。

柴山　デフレの危機を脱したのに、なぜ財政出動をとめられないのか。それを民主主義の性質から分析したわけですね。

中野　そうです。「インフレになったら財政出動を縮小して緊縮財政にする。デフレになりそうなら財政出動する」というケインズ主義的な解決を、ブキャナンはそんなことはできない、政府の担当者はそんなに利口じゃないと言い切った——。

この考え方は、ハイエクと一緒なんですよ。官僚や政治家というのは決して合理的には動かない。なぜなら、政治家というのは集票活動をやるから、どうしてもばらまきに傾くんだと。そして、財政赤字イコール民主主義という考え方が定番になった。

ブキャナンは、財政赤字やインフレを抑制する方法は、民主主義を制限することだと明言したんですね。そこもハイエクとほぼ同じです。民主主義を制限するためには、憲法を使うしかないんですよ。民主主義的に多数派が言論の自由を禁止すると主張しても、憲法に言論の自由が定められているわけだから、それは憲法違反でできない。民主的に決まったことであっても、憲法にだめだと書いてあることはできない。そこでブキャナンは、憲法に均衡財政を規定しなさいと主張したんですね。

▼民主政治が緊縮財政を求める逆説

中野　ところが現在、日本で起きていることは何かというと、ブキャナンの説だったら、民主主義の結果、財政出動や大きな政府を求めるはずなのに、むしろ民主主義が増税や財政再建、無駄のカットをする緊縮財政をやろうとしているんですよ。橋本内閣や小泉構造改革でもそうでした。ブキャナンの仮説が全然成り立っていない。デフレなのに民主政治が財政出動ではなく緊縮財政を求めるということが、日本で起きたのです。しかも、恐るべきことに、今は世界中あちこちで、それが起きている。

リーマン・ショックの直後は、アメリカもヨーロッパも、世界中が一斉に財政出動をやりましたよね。

柴山 一時的にケインズ主義の復活が起こったんですね。

中野 そう、一時的にケインズ主義の復活が起き、そしてそれは一時的なものにとどまったんです。アメリカは総額七八七二億ドルの財政出動をやったんですね。だが、それでは十分ではなかった。景気はまだ回復してないので、ほんとはもっと財政出動をやらなきゃいけなかった。

ところが民主的選挙の結果として出てきたのはティー・パーティだったわけ。彼らが財政出動するのは大きな政府で社会主義だと批判した。アメリカってもともと、大きな政府は嫌だとかケインズ主義は嫌いだとかという風潮があるんですすね。ティー・パーティが支持を獲得して、二〇一〇年の中間選挙で民主党が負けて、オバマはレームダック状態になってしまった。翌年七月にも債務残高の上限についてもめて、アメリカは危なかったですよね。

さっき柴山さんがおっしゃったように、アメリカも日本と同じようにデフレ目前です。財政出動をやらないと九八年以降の日本のようなことになるのに、そのタイミングでティー・パーティに首根っこを押さえられて、これ以上の財政出動は多分できないんですよ。これは、相当危ない状況です。

アメリカだけの現象じゃなく、イギリスでも同じなんですよ。保守党のキャメロンが政権をとって連立政権になっていますが、選挙の前から緊縮財政、財政再建と言っていたんですよ。

柴山　小さな政府ですね。

中野　小さな政府を目指すと言って、当選したんです。それで、公約を守って緊縮財政をやったら、当然の帰結として、今度は貧困層の暴動が起きちゃったということで、大変奇妙なことが起きているんですよね。

▼経済成長という幻想

柴山　問題だなと思うのは、だれもが、このデフレ状態は一時的なものだと思っていることなんですね。資本主義は、本来ほっといても成長するものだし、成長するということは基本的にはインフレ傾向なんだ、という固定観念が非常に強い。

戦後六〇年間一貫して、波はあっても、基本的に右肩上がりで来てるわけですね。資本主義というものは、一時的なバブル崩壊はあっても、何年かすればまた成長軌道に戻るんだということを前提にしてあらゆる理論が組み立てられている。経済学者も基本的にそう考えているんです。

だから、不景気になったときには政府が財政を拡張してもいいけれど、何年かしたら財政は均衡に戻すべきという考え方が、いまでも経済学者の基本的な合意なんですね。アメリカも二〇〇八年から財政出動をやったけれども、二〇一〇年ぐらいから、アメリカの主要銀行、経済学者たちは、財政出動をやりすぎるとインフレになると言い始めている。だから、早めに財政出動は切り上げろというわけです。

もちろん、インフレも怖いですから、間違ってはいない。しかし、デフレの深刻さを見過ごしている気がします。デフレに対してもっと積極的に取り組まなきゃひどいことになるぞという想像力が欠けている。それは、いまや世界的な傾向ですね。

中野　デフレというのは二つの意味で怖いんです。デフレで怖いのは、まず給与水準が下がる、生活水準が下がるということです。当然失業も多くなるし、デフレってやっぱり人間には耐えがたいんですよね。生活水準が下がっていく、失業が多くて将来が見えないというのは、経済的に苦しくなること以上に閉塞感をもたらすんですよ。失業して、おまえなんか要らないと言われる疎外感を味わうのもそうですね。人間というのは、将来に向けて生きている動物ですから、その将来が不安になるのは、現在の自分の心理や幸福感を著しく傷つけるというのが一つ目です。

▼需要には将来の供給をつくる投資も含まれている

中野　デフレの怖さのもう一つは、いわゆる左翼的な、アンチ成長の議論に関係してきます。デフレというのは供給が過剰で、需要が足りない状態だ。だったら日本は、世界的に見ても十分に豊かなんだから、これ以上需要を伸ばして、欲しいものもないのに、無理に買わなくてもいいじゃないか。過剰な供給のほうを下げて、小さくまとまればいいというのが、低成長論者の意見。日本の知識人のなかにもかなりあります。

非常に正しく聞こえるんですが、その議論が見失っていることが一つあります。需要には、将来への投資も入っているということです。需要が消費だけだったら、需要が小さいままでもいいのかもしれません。足るを知ればよい、ですみます。ところが、需要のなかには、消費だけじゃなくて投資も入っている。

先ほども言ったように、消費は今、お金を出してモノを買うことですが、投資は将来の購買のために今、お金を出すことです。工場が典型ですけど、工場の投資、つまり設備投資というのは、今、お金を出しているという意味じゃ「需要」ですが、将来の「供給」のためにお金を出しているということです。

ですから、縮小した需要に合わせて供給力を落とせばおさまるという問題ではなくて、投資需要がないということは、将来に必要なものに、今、お金が出せなくなるという状況なわけですね。

柴山　それは大事な論点で、日本で内需の拡大が必要だと言うと、すぐに消費の拡大というふうにイメージされてしまう。でも需要というのは基本的に消費＋投資ですから、国内の投資を拡大することも、内需拡大の重要な要素ですね。

中野　そうなんです。将来の子供の生活や教育のために必要な投資とか、あるいは自分たち夫婦の老後のための準備とか、将来に向けた投資がまったくできなくなる。今の自分のために消費するのではなく、自分の国や共同体、家族のために、今を抑制して将来のために投資をするという、つまり未来のことを考えて生きるという非常に人間らしいことができなくなるんですよ。

身近な人間のためばかりじゃない。遠い将来の日本人のために、将来の石油が不足しないように、今から新しいエネルギーを開発するとか、宇宙開発をするとか、いろいろやってるじゃないですか。そういうことができなくなることを低成長論者は忘れていますよね。デフレの怖さの二つ目とは、これなんですよ。

設備というのは老朽化するわけです。実際今、すごく老朽化しています。戦後、日本が焼け野原になって、高度成長のときにつくった橋や道路は、大体五〇年から七〇年の耐久性なので、ちょうど今ごろ更新時期に入っているんですよ。その五〇年代、六〇年代ぐらいに橋や道路をつくってくれたのは、戦争を生き残った人たちなんですね。その人たちが、今の僕らのために設備をつくってくれて、僕らはずっとそれらの恩恵をこうむってきた。

今度は今、僕らが、子供とか孫のために更新をしなきゃいけない。僕らが投資する番なんですね。ところが、デフレなので投資はできないという状況になっているんですよ。

よく、「財政出動って言うけれど、どこに投資するのか」などと批判されるのですが、何を言っているのかと言い返したい。老朽化した橋や道路や下水道管が山ほどある。被災地の復興もあるし、日本全国、耐震強化や水害対策、やらなきゃいけないことはいっぱいあるじゃないですか。

▼将来への投資がしぼむと経済の屋台骨が崩れる

中野　そのことを、日本人は全然わかってなくて、低成長論者は、もうこんなに消費は要らない、贅沢はやめようと言うわけですね。その一方で、いや、新しい需要を起こさないとデフレから脱却できないという人がいる。それで新型スマートフォンだとか、現在の消費の欲望をもっと拡大させることばっかり考えるわけです。新たな産業が必要だっていうのはそういう言いぐさですよね。

でも、違うんですよ。消費水準でもっと豊かな生活を、もっと便利な生活をという面では、確かに欲望は飽和してるし、それをもっと満たそうというのは、道徳的にいっても、みっともないと思います。私もその点は禁欲的です。別に海外旅行したいとか全然思わないしね。

何度も言いますが、私がやりたいのは、将来への投資なんです。「オレのことはいいんだけど、将来の子供たちの生活はどうなるんだよ」ということです。

柴山　それは、今の大人たちが本来やるべきことですよね。

中野　そうなんです。老朽化したインフラの更新投資とか、本来今やるべきことには、逆にみんな禁欲的で、公共投資をするなと言う。おかしいですよ。社会保障費、あるいは子ども手当という今の支払いのために、財源として将来の投資や公共投資を削減してるわけです。これは、ほんとにひどい話です。そこを考えると、デフレというのは、将来を考えることの著しい妨げになってるんですよね。

柴山　今の話を民間企業レベルで言うと、デフレが怖いのは、研究投資ができにくくなっちゃうからなんですね。

中野　将来のための技術開発投資ですね。

柴山　ええ。技術開発投資というのは、企業にとってかなりのリスクなんです。山ほどお金かけて基礎研究をして、そこから新商品を開発しても、値段はそんなに上げられませんからね。

これはデフレだけじゃなくグローバル化の問題もある。サムスンなどのライバル企業が安い値段で出してきたら、日本企業は値段を上げられないわけです。そうすると、何百億円も投資して新商品を開発しても、ほとんど利益を回収できないという事態が起こる。日本の家電メーカーは九〇年代以降も新商品をいろいろつくっていますが、ほとんど利益につながっていない。こういう状態が続くと、一、二年で利益を回収できる商品じゃないと、そもそも投資計画が通らなくなる。五年先、一〇年先の利益を見込んだ投資なんてますます難しくなります。視野がどんどん短期的になるんですよ。

▼市場経済が進むと視野の短期化が起こる

中野　その点は重要ですね。私は、世代間の問題というのもあると思う。哲学者の萱野稔《かやのとし》人《ひと》さんが団塊の世代の人たちを罵倒していて、思わず笑ってしまったんですが、彼の言い方はこうなんです。

バブルを謳歌《おうか》してきた今の年配の団塊の世代の人たちは、社会保障のことばかり言って、公共投資となると削減しろと言う。あの人たちが若いころは、その前の世代の公共投資によってさんざん潤っておいて、今度自分たちが公共投資で将来のために投資しなきゃいけない段になったら、自分の年金が心配になって、社会保障、社会保障と言って、将来に投資しない。なんなんだ、おまえたちはと萱野さんは憤っているわけです。まったくそのとおりだと私も思いますよ。

柴山　民主党の事業仕分けというのも、将来への投資を標的にしていましたね。

中野　「二番じゃだめなんでしょうか」という蓮舫《れんほう》議員のセリフで有名になりましたけれど、とにかく、将来に向けての投資を無駄と称して、ことごとく削除しようとする。技術開発なんてものは、当たるも八卦、当たらぬも八卦なんですから、長期的な将来を考えた投資であるほど、失敗のリスクも多くて、無駄のリスクも多いわけですよ。それを事業仕分けで無駄だとカットされたら、視野はどんどん短期化するに決まっています。

資本主義が市場経済と違うのは、将来に向けて現在行動する、現在の支出が、現在の利益じゃなくて将来の利益になるという点です。もっと言えば、現在支出した人と、その利益を得る人が一致しない。つまり、自分が今、支出したものが、自分が死んだ後、将来のだれかの利益になるかもしれない。実はそういうモラルが資本主義を支えているというのがシュンペーターの言った理論なんです。

シュンペーターは、家族というものを重要視するんです。つまり、自分の寿命よりも先のことを考える手段として、子供や孫という存在があるだろうという考え方ですね。だから彼は、核家族化とか、家族が解体していくと、資本主義も死ぬだろうと言っている。人々が子孫のことを考えなくなって視野が短期化し、将来に投資しなくなるからと。

柴山　投資したことの成果が自分だけでなく、次の世代にも及ぶというのは、それこそ農業なんかが典型ですよね。開墾した農地は次の世代に受け継がれますから。製造業やサービス業でも、会社を次の世代に引き継ぐという意識がないと、立派な経営ってできませんよね。

中野　よく株主主権とか言われますが、投資家は、年度内や四半期内のリターン、下手すると一瞬のリターンを求める。みんな一瞬、一瞬の株価を見ているんですよ。そうしてどんどん、視野が短期化していく。

株主というのは投資のために株を買う。しかし、短期的な利益を求めるから、株主の力が強くなりすぎると、経営者は技術開発投資ができなくなるんですね。たとえば三年は赤字覚悟で技術開発投資をやる。当たれば五年後ぐらいにぼろ儲けというわけです。そういう業界をひっくり返すようなラディカルな技術開発投資であればあるほど、赤字の期間は続きますよね。さっきのシャープの液晶の話じゃないけれども、最初の一〇年間ぐらいは赤字覚悟でも、成功すれば業界トップ。そういうことにかけるのが技術開発投資だし、イノベーションなんですが、短期視野の株主が強くなると、「えっ、一〇年後まで、オレ、株もってねえよ」ということになる。

特に外資はそうですよね。「利益を今、よこせ。ありったけよこせ」と言う。そのためには、技術開発投資はやるな、人材育成なんてやるなと言う。「人材育成の投資なんかやられて、一〇年後ぐらいにその人間が優秀な技術者になるなんて知ったことか。今、役に立たない人の首を切れ、今、必要なやつは外から入れろ」と。だから、労働市場を自由化しろと言うんですね。株主は物言う株主になって、資本市場も自由化する。

▼自由化は効率化を招き、安定性・弾力性を奪う

中野　労働市場でもなんでも自由化して、市場メカニズムを働かせるほど、長期的な投資をしなくなって短期的になる。八〇年代後半から九〇年代に、新自由主義を批判する人たちは、これをショートターミズム、短期主義と呼んだんですね。現に、アメリカの巨大なインフラはみんな老朽化しています。一つ例を挙げると、アメリカはオイル・メジャーズと言われるように、石油産業が強いことになってますが、全然それは違うんですよ。アメリカの石油会社は、株主の力が強くなってしまったので、もう三〇年ぐらい石油精製設備の更新投資をやってないんですよ。

柴山　相当、危険なことになっていそうですね。

中野　実際、危険なんですよ。大規模設備産業が利益を得る方法って、稼働率を上げるしかないんですよ。設備更新なんかしたらその瞬間は赤字になるから更新できない。今の設備を維持したまま極限まで稼働率を上げることでしか利益を得られないので、非常に危険な状態になっているんです。老朽化した設備の稼働率が高いのです。

たとえば、二〇〇五年にハリケーン・カトリーナが、ある石油精製所を襲って破壊したんですね。その石油精製所が破壊されたのだから、ほかの石油精製所から余った分を供給しなきゃいけない。でもほかの石油精製所はみんな稼働率九〇％以上だったから余裕がない。アメリカは、カトリーナが襲来しただけで、国内で石油危機が起きた。ガソリンが来ない、そういう状況になったのですよ。

▼変動に耐えられない国民経済

柴山　視野の短期化という今の問題を考えるうえでもう一つ重要なのはボラティリティ、変動幅の大きさが非常に深く関わっているんです。

この一〇年間の日本は、もちろんデフレの問題はありますが、それ以上に変動が大きくて予想のむずかしい状況でした。二〇〇四年から〇七年ぐらいまでは景気がよく、その後すぐにリーマン・ショックが起こって不況になる。デフレが止まったかと思ったら、またデフレになる。他方、輸入する原材料のほうは市況が荒れていて、穀物の価格も急に上がったと思ったら、不況で暴落する。図4は原油価格の推移ですが、この変動幅はすごいで

図4　WTI原油価格の変動

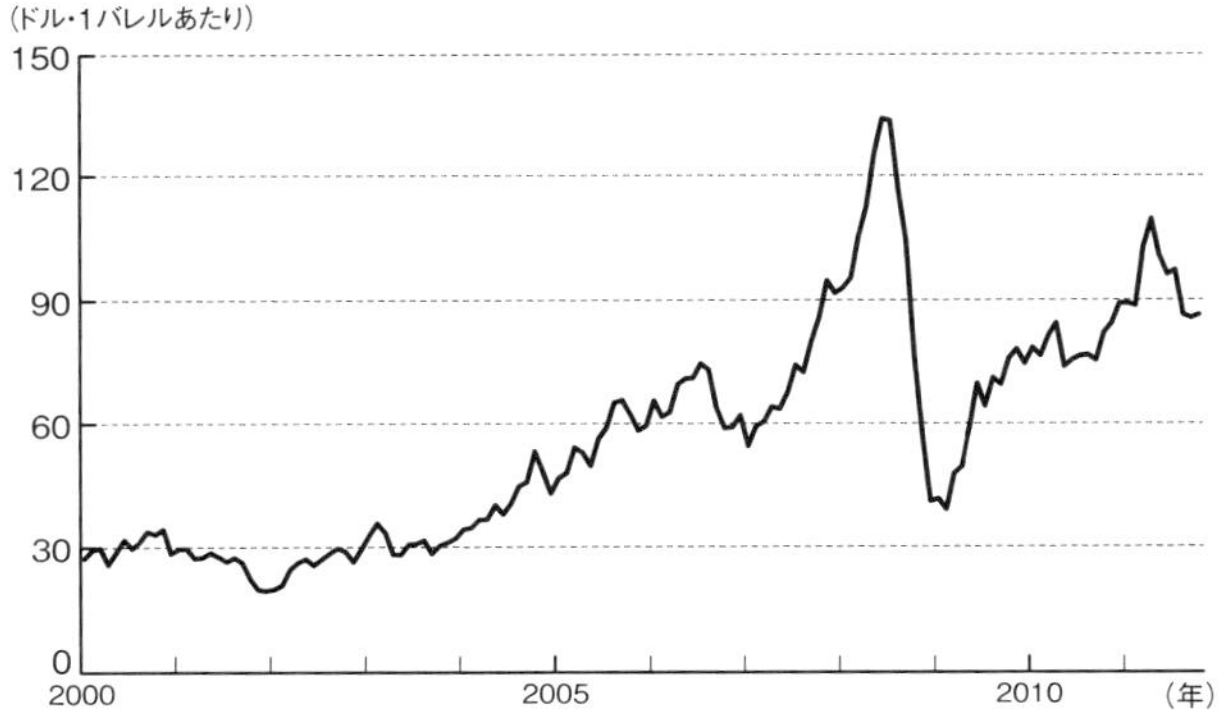

米国エネルギー情報局のデータより作成

しょう。為替を見ても、二、三年前まで一ドル一〇〇円を超えていたのが、いまや八〇円を切っている。

企業は、将来的な投資計画を立てて、それに向かってモノづくりをするわけですが、そのとき一番困るのは、物価とか為替とかがまったく読めない状況なんです。今は、半年先でも読めない。まして五年先、一〇年先なんてほとんどまったくと言っていいほど読めないですよね。

そのなかで企業はなんとか生き残りを考えなくてはいけない。つまり経済の変動に耐えられるような経営をしなくてはいけない。

中国なんかはバブルでまだ景気もいいし、

中国に投資しようとするのは民間企業としては合理的な判断なんです。民間企業で自己防衛、もしくはリスク分散しようと思うとそれしかないんですよ。そうやって海外に生産や販売の拠点を分散させていく。しかし、今のグローバル経済の大きな問題は、個別企業のこうした合理的な行動が日本の国民経済全体にとってプラスになってないということなんです。

▼ボラティリティの大きかった帝国主義の時代

柴山　歴史をたどってみると、インフレとデフレが交互に現れる現象は、第二次大戦前の資本主義によく見られたんですね。

中野　確かにそうですね。

柴山　典型的なのがイギリスです。一九世紀末はデフレだったのに、第一次世界大戦でインフレになり、一九二九年の大恐慌からまたデフレに転じた。物価が上がったり、下がったり、変動の幅がとても大きかったわけですが、この時代を顧みれば帝国主義の時代なんですよ。

つまり、国内の消費が伸びたり縮んだりするので、企業としては国内だけに軸足を置くのではなくて、競争力のある、意欲のある企業は海外に出ていくんですよ。そのほうが経営の合理性が保てるから。こっちがだめでも、あっちが好況だったら、差し引きできますよという計算でね。ボラティリティの大きい時代には、企業がどんどん外に出ていこうとする傾向が非常に強くなるんです。

帝国主義は、最初は民間の海外進出から始まるというのが経済史の定説です。最初は市場機会を求めて民間が出て行く。ところが、民間企業がそこで儲けると当然ながら現地の人たちとトラブルになる。たとえば日本が中国に行って大儲けすると、現地の民族資本とトラブルになりますよね。向こうの政府は当然、民族資本のほうに肩入れします。進出した日本企業も日本政府になんとかしてくれと頼む。それが国同士の争いになって、最終的には力の強いほうが相手をねじ伏せると。日本はそれで中国大陸に出て行きましたし、西欧諸国も同じです。

先に民間が出て行き、後から国が出て行って権力的に支配する。つまり、経済のネットワークが無際限に国外に拡大していった結果、帝国主義への傾向に拍車がかかったんです。

経済人類学者のカール・ポランニーも『大転換』のなかで、帝国主義のことを、最初に商船が出ていき、その後で武器をもった軍隊が出ていくという言い方をしています。

今はさすがに、日本企業がやられたからといってすぐ戦争にならないですが、こうしてどんどん海外に出ていくと、国家間の対立を深めるんです。これまでこういうことが起きなかったのは、国内がインフレ傾向なので、国内でお金を回せば成長できたからですね。企業も国内市場をメインにして、海外には若干輸出をしていくという、主は国内で従は海外だった。

ところが今は違う。デフレ先進国日本がこの二〇年間やり続けたのは、国内より海外投資だと、海外にがんがん拡大していったんですね。先が見えない時代になると、こういうことは不可避に起こる。実はここに問題が潜んでいます。

▼海外進出はデフレの解決にならない

柴山　二〇世紀初頭にジョン・A・ホブソンという経済学者が帝国主義を批判的に分析して、この研究がケインズにも影響を与えました。ホブソンは帝国主義が国民全体の利益にならないと主張したのですが、昔ながらの帝国主義が見られなくなった現在でも、その主張は見るべきものがあるのです。ホブソンは、デフレで国内に消費がないから、海外に出るという過少消費説を出した。僕なりに言いかえると、デフレ基調で国内の需要が安定しないから、利益の源泉を海外に求める傾向が強まるというデフレ原因説を出したわけです。つまり国内市場の不安定さ、過少ぶりが帝国主義の原因になっているということですね。

問題は、企業の海外進出はデフレの解決にならないということなのです。儲かるのは国民の一部で、全体ではない。だって投資が海外に出て行けばいくほど、国内の雇用は生まれにくくなりますよね。雇用が生まれなければ消費も減ります。そうすると企業はますます海外に出て行こうとする。一度、このサイクルに入ると、なかなか元に戻ることができなくなります。つまりデフレがますます進行する可能性があるわけです。

日本の問題は、まさにそこなんです。九〇年代以降、日本はもうダメだという過剰な自己否定論理が働いて、とにかく海外に出ないといけないという固定観念が強くなりすぎた印象があります。でも海外に出ていくとデフレが進むので、ますます市場機会を求めて企業が海外に出ていくという悪循環になっている。

▼新自由主義が重商主義の時代に連れ戻す

中野　今の柴山さんの話は、官主導を改めなきゃいけないとか、キャッチアップを改めなきゃいけないとか、九〇年代以降の学者たちが急に昔の議論をもち出してきたのとまったく同じ文脈ですね。それまでは、政治経済学では、日本は輸出立国ではないということは常識だったんですよ。

集中豪雨的輸出などと呼ばれ、貿易摩擦でトラブルを起こしていた七〇年代、八〇年代から、日本は一貫してGDPに占める輸出の割合は約一割だった。アメリカも大体同じぐらいで、八%から一〇%ぐらいでずっと来ていた。日本は輸出立国だと言われてきましたが、図5を見てもらうとわかるように全然輸出立国じゃない。日本ってこんなに内需が大きかったんだというのが、世間一般はともかく、八〇年代、政治経済学では常識だったのです。

それが九〇年代から二〇〇〇年代になると、輸出依存の日本は貿易立国なので、貿易していかないと生きていけないと言われだした。貿易しないと生きていけないのは事実だけ

図5　各国の輸出依存度（対GDP比）

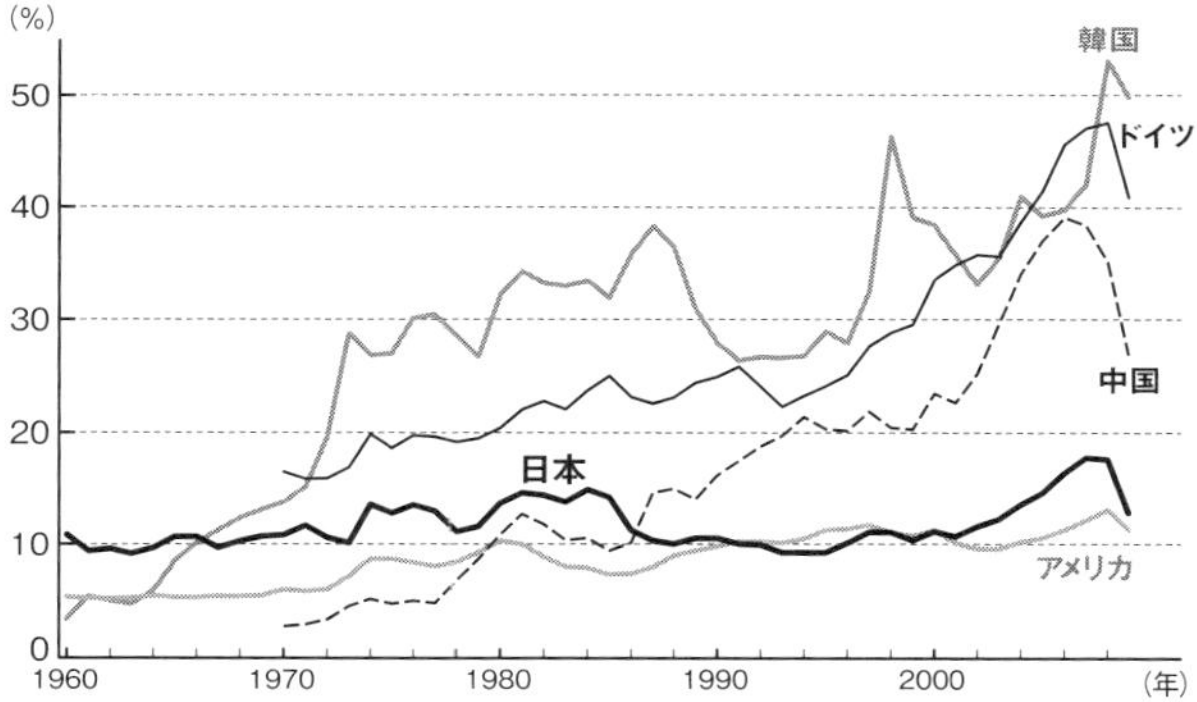

世界銀行WDIオンラインデータベースより作成

ど、「輸出立国」というのは間違い。ところが、もとの議論に戻っていったんですよ。

柴山　そうなんですよね。そういう意味では歴史っておもしろいですね。要するに、ケインズ主義を否定するというか、ケインズ主義前のロジックに戻っていっている。今、言った輸出を増やすっていうのは帝国主義的ロジックに極めて近いんですよ。

中野　そうですよ、重商主義です。だから、ケインズ前じゃなくて、アダム・スミス前なんです（笑）。

柴山　アダム・スミスが批判した重商主義というのは、まさに輸出を増やすことで国を豊かにしようというやり方ですね。重商主義に関しては、日本であまり取り沙汰されませんが、要は商人国家の発想なんです。商人たちの利益を最優先にしましょうというロジックなんですよ。

商人は、手っ取り早く儲かるものに向かっていきますからね。今、一番利益が上がる商品を外に売っていく。重商主義は、国家がそれを後押ししていこうという発想ですね。そのとき一番競争力のあるもの、一番お金を稼ぐものに国家ぐるみで資本を集中投下していく、それが重商主義です。

韓国であれば、サムスンを国が集中的に後押しして、海外に出ていって、いっぱいお金稼ぎましょう、と。日本だったら、この二〇年間は、圧倒的に競争力が強いのは自動車とかエレクトロニクスだから、海外展開するなら積極的に政府が後押ししましょう、と。今、競争力のある分野の輸出を後押ししていくのが、重商主義の本質です。

しかし、得意分野に国内の資本がすべて集中すると、その分野の人はいいけれど、それ以外の国民が不幸になるじゃないかと、アダム・スミスは重商主義を批判したんですね。一八世紀の当時、イギリスは毛織物なんかが輸出品で、商人と政府が結託していた。今の経団連が、政府と密接な関係にあるのと同じです。でも、そうやって輸出競争力の強い部門ばっかり政府が後押しするのは間違っている、というのがスミスの考えだった。国内では、別の産業がたくさんあって、投資の余地が大きい。そういうところにお金が回らないのはおかしい、と。特にスミスは農村にまだまだ開発の余地があると考えていて、そこに投資が集まれば生産性が大幅に上がり、貧しい人たちが救われるはずだと考えた。

ところが、重商主義体制のせいで、なかなかそこにお金が流れない仕組みになっていた。だから、この重商主義をぶっ壊しましょうと提案した。そこで今でいうところの自由化を提案するんだけど、それは単なる市場原理主義じゃない、国の一部の商人たちが儲かるような仕組みじゃなく、イギリス国民全体がそれぞれ繁栄を分かち合えるような仕組みにしましょうよ、というのがスミスの意図なんです。そのためには、商人たちに政府が強く肩入れして、不自然に輸出を拡大させようとする国家体制はあらためなければならないと、彼は言ったわけです。そういう意味では、中野さんの言うように、今の状況はスミス以前の重商主義ですね。

中野　スミスは重商主義をひっくり返そうとしたけど、今の日本にはそういう動きはまったくない。

柴山　第二次大戦の前にも、スミスが直面したのと似た状況があったんですね。帝国主義が盛んな時代にケインズは、海外進出ばかりを重要視する帝国主義を批判し、国内の需要を増やすべきだと言った。だからスミスと同様にケインズも、ナショナル・エコノミーを重視することが国民の繁栄につながると考えた。

それだけじゃなくて、重商主義や帝国主義は市場の取り合いになって戦争の原因になるのだから、ナショナル・エコノミー重視の経済に切り替えることは、世界平和にもつながるんだということを強調したわけです。実際、民間の海外進出が市場の奪い合いを生み、帝国主義の果てに大戦争になったんだから、ケインズの見立ては正しいんです。

その反省から、戦後はブレトンウッズ体制のもとで、国内でお金を回していきましょう、国内の貯金を国内投資に使って国内で成長を追求していきましょう、不景気なら国がちゃんと調整します、そういう形でやってきた。これがブレトンウッズ体制が前提にしていたケインズ主義ですね。

それが、ブレトンウッズもだめ、ケインズ主義もだめということで、自由化・金融化しましょうとなった瞬間に、一九世紀末か二〇世紀前半の、まさに第一次グローバル化の時代に逆戻りしてしまった。ほんとに同じような現象ですからね。帝国主義は起こってくるし、海外に出ていかないとどうにもならないという話になっていく。そのことが国家間の対立を次第につくり上げていって、今、世界は不穏な状況になっています。

世界経済全体がシュリンクしていくなかで、市場を奪い合うわけですからね。外の市場を取りに行こうとすれば摩擦が起きる。そのことが国家間の対立を深めるのは、ほとんど必然なんじゃないかと思います。日本はアメリカだ、アジアだと市場を外に拡大していこうとしていますが、それがいかにリスクの大きいことであるか、真剣に考えるべきです。いざというときに軍事力をバックに自国企業の利権を守るなんてことは、今の日本では絶対にできないんですから。

中野　読者のために言っておくと、政治経済学とか経済思想とか、経済学もそうですが、自然科学と違って、知識の蓄積とともに進歩していくんじゃないんですよ。私が思うに、かなり劣化しています（笑）。

柴山　同感ですね。自然科学だと、たとえば物理学史の講義ってほとんどないじゃないですか。別にニュートンを読まなくても、ニュートンの考え方がもう方程式になってるから、それだけ勉強すればいいんです。自然科学は再現性のある現象を扱うので、実験を繰り返すなかで確かな知識に近づくことができる。
文系の場合、政治思想史や経済思想史、あるいは社会思想史の講義が、なぜどの大学にもあるかというと、今の知識がいつ崩れるかわからないからなんですね。

▼豊かで先進的な市場が、製品の質を磨く

中野　私が日本の経済政策論の劣化を感じるのは、「かつてのキャッチアップ型は終わったから、日本は新たな経済システムに移行しなければならない」という主張が混乱していることに対してです。確かに戦後の一時期はキャッチアップ型でした。

柴山　六〇年代から七〇年代にかけて、鉄鋼・造船から自動車やエレクトロニクスへと産業の中心が入れ替わっていくなかで、いち早くそちらにシフトしていた欧米へのキャッチアップ論が盛んに言われましたよね。

中野　よく考えてほしいのは、その頃の日本は、国内市場が未熟だったから先進国にキャッチアップしなければならなかったということです。

つまり、アメリカとかヨーロッパとか、自分より豊かな国に製品を売って、向こうから外貨を稼ぐというのは、向こうの強い通貨を得るんだからそれは儲かるし、向こうのほうが金払いがいいので行くし、向こうのほうがライバル企業との競争も厳しいし、消費者も高い水準を要求してくるので、こっちの製品も磨き上げられると。だから、自分たちよりも豊かで先進的な市場で勝負すると何が起こるかっていうと、学習効果がめちゃくちゃ働くんですよ。

たとえばかつてラテンアメリカの国々が、先進国に頼らずに自分たちが成長したいというので輸入代替政策というのをやった。これは文字どおり保護主義で、国内への市場を閉じて、国が支援して自動車とかを国産化しようとしたのですが、軒並み失敗したんですよ。それで保護主義は失敗だったということが世間一般では定着するようになってしまった。

しかし、保護主義うんぬんの前に、発展途上国の市場で自動車をつくったって、国内の貧しい人々はだれも買わないのは当たり前ですよ。もっといい製品つくれとだれも要求しないし、ライバル企業が国内に存在しないから競争もない。だから発達しようがないんですね。

一方で、八〇年代には韓国とか台湾とか、アジアＮＩＥｓと呼ばれる国々は、発展途上国なのに見事に成長してみせた。八〇年代以前の日本もここに含めていいでしょうね。それまで輸入代替政策をやっていた国は発展途上国のまま、成長しなかったのに、この東アジアの奇跡は、発展途上国が成長するというのを初めて示したモデルだった。

そのとき、こうしたアジアの国々がしたことは、輸入代替、つまり輸入を抑制して、国産品に変えるのではなくて、がんがん輸出して、海外で厳しい競争にさらされて勝負をしたんですね。そこで外貨を獲得したし、大きな学習効果を得て、どんどん技術が進歩した。それで成功したんです。これは何を意味しているかというと、企業が輸出戦略で成功するためには、豊かな、大規模な、先進的な、発達した市場が必要だということなんですね。

ところが、それはキャッチアップ段階だから必要なことであって、自分たちの国が成熟して、豊かで高度な市場になったら、国内市場で十分、経済は回るわけですよ。たとえばアメリカのような内需の大きい先進国は、輸出で伸びたわけじゃなく、内需主導で伸びてきたわけですよね。

キャッチアップが終わったんだとしたら、日本企業も国内市場で学習効果は得られるわけです。それこそ日本の市場では、多数のライバル企業がしのぎを削っているんですから。

現に今だってそうです。日本って、このデフレの不景気に、新車で最も売れるのがプリウスなんですよ。恐るべき消費者ですよ。こんなにうるさくて、ものすごくセンスのいい消費者がいる国は日本以外ないわけですね。トイレがシャワーでお尻を洗ってくれることまで要求する。こんなうるさい市場で、そんな高付加価値の製品が売れるから、日本の技術はどんどん高まるわけですね。

▼円高・低賃金・デフレを招く輸出戦略

中野　ところが今となっては、アメリカという市場は、別にでっかい冷蔵庫でも、燃費の悪い自動車でも全然オーケーなんですから、そんな市場で技術なんか鍛えようがない。グレードの低い、安かろう悪かろうの技術でも売れちゃうのが海外市場なので、自分の技術力を磨きたいなら断然、日本国内のほうがいいということになります。それに、いくら中国や東南アジアに進出したって、そんな目利きのある消費者なんかいないですよ。中国や東南アジアの外貨を稼いでも、この円高で全然意味がないですよね。

柴山　そうそう。海外に出ていけばいくほど円高が進みますからね。しかも円高はデフレの直接の原因ではないけど、デフレ圧力にはなる。だって、モノを安く買えるわけだから。

中野　そのうえ競争力を維持するためには賃金も上げられない。そうなると、ますます国内需要がしぼんでいきますね。

柴山　しかも、重商主義国家になるということは、日本の地域格差が広がっていくということです。国内市場が分厚かった時代には、国内でつくって国内で消費するわけだから、工場は日本海側につくってもよかった。

しかし海外への輸出がメインになったら、輸出に有利な太平洋ベルト地帯の大都市圏に、人口や資本がどんどん集中して、巨大な大都市圏ができていく。貿易に有利な地域や、海外の情報が集まる都市がますます発展していく、ということになる。実際この二〇年間ぐらい、東京だけにやたらと人口が増えて、高層ビルも増えていますよね。韓国なんかもっとひどくて、ソウルの一極集中がすさまじい。

グローバル化して海外へ出ていくほど、国民経済というよりは、東京を中心とした一部の都市経済が巨大化していくという傾向が強まる。本来はそれでいいのかという議論をしなきゃいけないのに、新自由主義を担ぐ人々は、稼げるやつが稼げばお金がトリクルダウンする、つまり貧しい者にもお金はしたたり落ちると言っていた。でも現に落ちてないわけです。というか理屈上落ちない。東京に集まるお金が、より高いリターンを求めて海外に行くだけなんです。

そうすると、これは一体だれが得をしているんだ、という話ですよ。

▼不安定な経済で得をするのは金融資本

中野　そのだれが得をしているのかという話は、けっこう重要ですよ。

柴山　マルクス主義的に言えば答えは簡単で、資本家と言われる連中が得をして、一般的な労働者、国内の労働者が損しているという話になります。

でもね、企業の経営者に会って話を聞くと、全然、得なんかしてないですね。こんなしのぎを削る競争状態の中で、乾いた雑巾を絞るようなコストカットをやって、だれが生き残るんだというぐらいの悲惨な状況の渦中で、仕事をしているんです。

そうすると可能性としては一つなんです。マルクス的な理屈で、だれか得してるやつが世の中にいるんだとすれば、それは金融階級しかない。

中野　金融資本、まさにそうでしょう。

柴山　ええ。仮に産業階級と金融階級を分けるとしましょう。産業階級というのは、ある程度全体の状況が安定してないと困るんですよ。一年先、二年先に何が起こるのかまったく予想できないほどボラティリティが高い状態では、企業は長期的な生産計画を立てられないし、ギャンブル性が異常に高くなってしまう。産業界としては、自分が勝負しようとするフィールドがなるべく安定してくれている状況を望むんです。

ところが、金融は必ずしもそうじゃない。特にヘッジ・ファンドなんかは、産業が安定して利益も確定しちゃっていると、儲けられないんです。

中野　儲けられないですね。

柴山　とりわけ一部のヘッジ・ファンドに見られる投機筋の連中は、世の中が安定してると全然儲けられない。この連中が一番好むのは、それこそ短期間で何十%も相場が上がったり下がったりするような極端な事態で、そうなると投機で儲けるチャンスが生まれるんですよ。

中野　空売りとか、空買いですね。

柴山　そうです。さっきのデフレ論でも出てきましたが、変動が大きくなればなるほど、投機家は短期間で大儲けするチャンスが出てくるんですね。空売りとか空買いとかして、信用取引で何倍ものお金をつぎ込んで、一気に儲けることができる。

しかし、産業界の人たちは、そんな変動は望んでないんですよね。多くの日本の経営者に聞けば、株主だけが儲かるなんておかしいと、心の中でみんな思っている。

経済が変動してくると産業でも短期で儲けようとする傾向が強まりますが、金融の場合、秒単位で資金を動かせるでしょう。環境変化への適応が桁違いに早い。だからこの状況で元気にやってるのは、ハイリスク・ハイリターンをねらう投機家だけ。本来であれば、資本主義の端っこにいるべき連中が中心に出てきて、波乱が起きねえかなって、世界中探し回っている状態なんです。

中野　そういう連中ばかりが儲かり、企業や労働者は青息吐息で苦しいと。

柴山　そうです。話を単純化するために金融と一口に言いましたが、もちろん金融は産業に資金を供給する大事な役割があります。そして現に地方銀行などは地元密着で頑張っているところも多いのでしょう。ただ、今のようなグローバル資本主義の下では、金融界と産業界の利益は必ずしも一致していない。金融が産業の利益と切り離されて、それ自体で利益を追求できるようになっている。マルクス主義ふうに言えば、経済の混乱が起こるほど産業階級は苦しみ、金融階級が権力と富を得ていく構造です。しかしどういうわけか、マルクスは産業と金融を分けませんね。

中野　マルクスは一九世紀の人ですからね。

柴山　だから金融資本主義の分析ができないんです。一九世紀ではまだ、産業界と労働者が対立していると思っているから、その上に金融の連中がいて大儲けしているという状況は想定できてない。

マルクスの後継者たちも、金融がコントロールを失って暴れ回っている金融資本主義の現状を、あまりうまくとらえられない。そのコントロールは国家とか国家間関係で行うしかないんだけれど、そういう理論もマルクスのなかにないんです。

中野　そこのところはちょっと微妙で、というのも私は二〇〇〇年にイギリスにいましたが、印象的だったのは、ヨーロッパの左翼って国家を重視するんですよ。

左翼は社会主義だから、社会を守ろうとするでしょう。グローバル化する以前は、社会を脅かすのは国家権力だった。マルクス主義的に言えば国家権力は資本家の仮面だということで攻撃するわけですよね。

ところがグローバル化すると、国家よりも強い敵が出てきた。グローバル資本主義です。左翼が守りたい社会は、グローバル資本主義を相手にしたらひとたまりもないわけですよ。だからヨーロッパの左翼がどう考えたかというと、グローバル資本主義という最強の敵が出てきたので、次に強い国家を使って対抗するしかない、と。そういう事情はありますね。

柴山　なるほど、それはそうかもしれません。しかし日本の左翼はなかなか国家レベルでグローバル資本主義に対抗するというところまでいきませんね。

▼国内にお金を回さない金融階級

柴山　ただ、階級論という視点に立つと、次のことが言えると思うんです。先ほど、中野さんが公共事業の話をされた。どうして公共事業が批判されるかというと、実は言われているほど景気浮揚効果がないという理屈もあるのですが、それ以上に、利益誘導に使われるんじゃないかという心情的な抵抗感があるわけです。

日本の場合は、結局、自民党の政治家が口利きで地元に公共事業をもってくる。それが際限なく続くと無駄な道路がいっぱいできて、しかも地元の土建業者が不当に儲けてけしからんという理屈ですね。この利権構造を切ろうというのが日本の場合、構造改革だったわけです。その結果、確かに公共事業は大幅に縮小して、利権もほとんどなくなった。でも今は新自由主義になって……。

中野　金融利権が出てきて、利益が外国に流れている。

柴山　そうそう、そうなんですよ。規制緩和を利用して儲ける連中がこんどは出てくる。日本よりも早く新自由主義改革に進んだアメリカでは、金融につながっている一部の金融階級が利権を得ているんです。アメリカの政治は、「財務省・ウォール街複合体」に牛耳られていると言われていますね。アメリカでもこれまでは地元の土建業者と政治の癒着が問題だった。それを切ったら、今度はウォール街にいる連中が、ロビイストを使って政治を牛耳りまくって、仲間を政府の要職に送り込んで、自分たちに都合のいい法律をばんばん通してものすごい利権を獲得しちゃっているわけです。

確かに、利権というのは経済の効率性をゆがめますから、非生産的なところにお金が流れて、経済の効率性が下がるのは事実です。でも、地方の利権団体、たとえば建設業であれば、地元で雇用するんですよ。私腹を肥やすのもいるでしょうが、公共事業は一応、地域の助けにはなるんですよね。

ところが、今の金融利権の問題は、儲けているウォール街の連中が、まったくアメリカ国民に利益を還元してないことなんですね。ヘッジ・ファンドの連中は山ほど金をもらっていますが、こいつらはしこたま儲けてバハマに飛んだりとかで、アメリカ国内で消費もしやしない。結局、グローバルにお金を回してるわけですから、国内の貧しい層に金が落ちるというトリクルダウンは起きないんです。最近そういう研究がどんどん出てきていますね。

日本はアメリカほど完璧に金融資本主義になってないから、ここまでひどくないけれど、公共事業の利権がけしからんとやった改革が、新たな金融利権をつくり出す可能性はあります。しかも、金融利権の連中が悪辣《あくらつ》なのは、そこで儲かったお金を国民に落とさない。

中野　建設業の利権の人たちは銀座で金落とすんだけど（笑）。

柴山　そういう時代もありましたね（笑）。ウォール街の連中は、ケイマン諸島とかを経由して税金も払わなかったりする。それで怒ったアメリカの若者が、デモを始めている、というわけです。

▼カオスから新しい創造は生まれるのか？

中野　そういう意味では、学者とか知識人って罪深いなと思う。今のそういう国民を不幸にするような流れを、逆にもてはやすように、偉そうな理屈つけて言うんですよね。

また、産業界の人たちも、金融の論理と矛盾してボラティリティが低いほうがいいとわかっているくせに、産業界のリーダーやその周りにいるコメンテーター、知識人、学者たちは、そういうことを全然言わない。バブルで楽していたような人たちは、ボラティリティの批判はしませんね。私が、「ボラティリティが高いのはまずいので、安定化や秩序を大事にしないといけない」と言うと、「君、カオスのなかから新しいものが生まれるんだよ」とか言われてね（笑）。

柴山　カオスって意味、わかってるのかな。

中野　変動が大きいほうが活力があって、秩序や安定は硬直的で停滞しているというイメージをもっている人が、すごく多い。そんなに将来が不安で、不安定で、カオスのなかから新しいものが生まれると言うなら、リビアのトリポリにでも行って、イノベーションをやってみろと言いたい（笑）。

柴山　さっき言ったように、資本主義というのは社会的に、あるいは政治的になんとか安定をつくりださないと危ないのに、逆のことを言うわけですね。カオスって予測不能ってことですからね。そうなったら資本主義は、ものすごく悪い部分が出まくるんですよ。

中野　どうしてこの理屈がわからないかというと、本当はカオスで苦労したことがないからなんですよ。

柴山　我々世代は、実際に新自由主義者のやったカオス化のせいで、ひどい目に遭わされていますからね。

中野　彼らは、ひどい目に遭っている僕らの世代を指さして、君たちは元気がないと言う。そんなにアメリカのベンチャー精神とかがすばらしいんだったら、じゃあ、これから外に出てみろと。今、ベンチャーなんかに全然投資は行ってませんよ。

柴山　明日、あさってもわからないときに、長期的な投資なんかしないですよ。アメリカのベンチャーブームは、単にバブルだったからですよ。お金の回りがいいので、どうなるかわからないＩＴのような新規分野にも資金が集まった。

日本でも二〇〇五年前後はプチバブルでしたから、ホリエモンなんかが出てきた。しかし彼がやったことはＩＴというより、バブルに乗じて会社を買収・転売していくという金転がしですよね。でも、今みたいなカオス状態で、手っ取り早く金を儲けようと思ったらそれしかないわけです。

だから、カオスな状況を最大限利用して、とにかく成り上がるしかないと。そういう意味では、成り上がり者が出やすい環境をつくっているのが今の資本主義なんですよね。

▼資本主義は本質的にはカオス

柴山　あらためて確認すると、資本主義って本来的に不安定なんですよね。我々が将来について楽観するか、悲観するかといった、ちょっとした心理の違いが、投資や消費の動向に大きく影響してしまうんです。さっきの理屈でいうと、資本主義って本来的にカオスなんですよ。

中野 均衡なんかするわけないと。

柴山 シュンペーターもまさにそう言っていますね。常に均衡というのをぶっ壊すようなダイナミズムを自らつくり出すのが資本主義なんだと。しかしシュンペーターが言ったのは、イノベーションが起こるからダイナミックになるという話で、ダイナミックだからイノベーションが起こるとは言っていない。あまりに変動が激しいときに、イノベーションなんて起きないですよ。それを逆に考えるから、カオスがすばらしいという訳のわからない話が出てくる。

日本の経済について考えたり語ったりする人たちの間で、決定的に抜けているのは、不確実性の問題なんです。特に経済学は、その種の不確実性をもった資本主義ではなく、不確実性のない無時間的な市場ばかりを扱う傾向にある。動学モデルとか異時点間の最適化とかいう理論もあるけど、本当の意味で不確実性を扱っているわけではない。

資本主義は本来的に不安定だというのは、マルクスも見抜いていた。だから不確実性の問題は、本当はマルクス主義者が論じるべきテーマなのに、どういうわけか正面から扱われないですね。不安定な資本主義をどう抑えるかではなく、共産主義という理想のほうに引っ張られてしまう。

資本主義をやめて共産主義になっても、不確実性の問題は消えないんですよ。計画経済のもとで一〇〇%国家が管理する体制に移行しても、不安定さはなくならないんです。計画経済というのは、今期は鉄を一〇〇トンつくれとか、生産計画を国が命令するわけですね。そうすれば企業家は不確実性に悩まなくていいんだけど、そうなれば国家が不確実性に直面するわけです。

中野　うん、彼らの理屈は単純なんですよね。

▼資本主義の不確実性をどう飼いならすか

柴山　資本主義の不確実性がいろんな混乱をもたらすという議論までは行くんだけれど、その後がない。いきなり、資本主義をやめてもっと理想的なユートピア体制にいこうという話になって、現実の資本主義をどうやってよりよく運用していくかという議論が出てこない。資本主義を安定させるためには、制度とか組織とか、あるいは共同体や国家が重要なんだけど、そこにいかないんです。
この資本主義の不安定性さという現実をとらえて、かつそれをどうやってよりましなものに仕立て直すかということは、ケインズやシュンペーターといった、二〇世紀前半の経済思想家たちが取り組んだテーマなんですね。それが今、この時代に復活してきているし、その意義は大きいと思うんです。

中野　同感です。最近の経済学は、不確実性という要素を入れて進歩しましたと得意がっていますが、よく見ると、ケインズの言った不確実性とは別物なんです。ケインズの言う不確実性というのは確率論じゃはかれない、本当に何が起こるかわからない将来の話なんです。ケインズも晩年の論文でそのことを強調していました。
ところが今の経済学の不確実性を入れたモデルというのは、しょせん確率論であらわせるリスクの話で、はっきり言って、それは不確実性じゃないんですよね。

柴山　そのリスクは、統計的に処理できる範囲での話ですからね。しかし五年先、一〇年先の不確実性は統計的に処理できるリスクの範囲を超えています。
ケインズの言った意味での不確実性のもう一つ大事な側面は、不確実性が強くなりすぎたときの人間の合理的な行動って、社会全体で見ると非合理だということです。世の中あまりに不確実性が高くなると、将来のことをどう考えていいのか自分で判断できなくなる。すると何が起こるか。みんながなんとなく信じていることに合わせようとするんですね。

▼美人投票――集団的な群集心理で動く経済

柴山　これは有名な美人投票の例ですが、どの株が上がるかわからないというとき、自分で判断できないので、みんなが買っているものを買う。いち早く買って、みんなが売る前に売れれば儲かるわけですね。そうすると、より集団的な群集心理に自分をより添わせようとする傾向が強くなるんです。

中野　美人投票というのは、一番美人だとみんなが選んだ女性を選んだ人が勝ちというゲームですね。こういうゲームでは、たとえばAKB48の総選挙で、前田敦子じゃなくて大島優子が一番いいと思っていても、前田敦子がみんないいと思っているだろうと予測して、あっちゃんに票を入れちゃうわけです。

柴山　ええ、まさにその理屈ですね。

中野　そして大島優子じゃなくて前田敦子が選ばれちゃう、そういう話ですな（笑）。

柴山　そうそう（笑）。今、日本で何が起こっているかというと、競争が大事だと言いながら、結構みんな同じことやるんですよ。これは消費者も企業も同じで、タブレットが流行《はや》っているとみんなタブレット型に進出する。太陽光システムが流行っていると太陽光に進出する。いち早くそこに投資をして、いち早くエグジットする。この理屈でいえば、バブルが起こったら参加して、バブルが弾けそうになったらいち早く逃げるほうが合理的になっちゃうんですね。不確実性のもとで短期的な利益をあげようとするとバブルにうまく乗るのが一番手っ取り早い。これがやっぱり大きな問題だと思います。

▼リスク分散が国内経済をいためる結果に

柴山　二つ目の問題は、不確実性が強くなると、企業ができるかぎりリスクを分散しようとすることです。この場合のリスク分散では、こっちがつぶれてもこっちは残り、こっちがつぶれてもあっちが残るという調整をする。

今回の震災でも、サプライチェーン、つまり供給拠点を複数つくっている日本企業の実態がわかりましたよね。企業というのは、世界中に工場をつくって、あるいは世界中に取引先をつくって、何が起こってもすぐに対応できるバックアップの仕組みをつくろうとするんですね。一企業として見ればすごく合理的な行動だし、たぶん僕が企業家でもそうするだろうと思います。

ところが、これは企業にとってはすごく合理的なんですが、国内投資より海外投資のほうが増えてしまって、日本経済全体にとっては必ずしも望ましいことではないんです。

一九世紀から二〇世紀前半、ケインズがいたイギリスもそれに近い。当時、イギリスの投資家が大陸ヨーロッパはもちろんのこと、当時新興国であった、北アメリカや南アメリカ、あるいはインドなどに積極的に投資したんですね。特に鉄道建設の資金需要があったので、イギリスで投資ブームが起きた。国内より海外に投資が向かったんです。

イギリスは一九世紀後半から基本的にデフレ基調だったのですが、これでは全然国民の利益になっていないじゃないかということを一貫して言っていたのがケインズなんですよ。それと同じような状況が日本にも出てきています。

もちろんデフレ対策の政策論も大事なんですが、やっぱりこの不確実性の問題にまで話を落とし込まないと、議論が浅いレベルで終わってしまうと思うんですね。

▼不確実性が低いほうがイノベーションは起こりやすい

中野　そう思います。資本主義がダイナミックなものであるのは事実なので、その不確実性がイノベーションを生むという面はあります。しかし、イノベーションをやるためには将来のリターンがあるかどうか、まったくわからなかったら投資なんかできないわけです。実はイノベーションをやるという動機を起こさせるのは、不確実性が低い場合なんですよ。現在のような金融危機のときより、金融危機じゃないときのほうがイノベーションというのは起きる。リビアのトリポリより、安定した先進国の社会のほうがイノベーションは起きるということです。そんな自明の理が、どうして日本人は理解できないのかなと思います。

柴山　重要なのは不確実性というときに、将来のことがわからないということ自体は、それはしようがないんですね。

中野　そのわからなさは永遠に消えないんです。

柴山　ただケインズが問題にしたのは、そのなかでも企業は経営計画を立てなければならないってことです。企業が嫌うのは、五年なら五年という期間で経済の変動が大きくなること。五年先の投資計画を立てるときに、資材調達しようと思ったら、石油の値段が、去年は一バレル五〇ドルだったのが、今年は一〇〇ドルになっているとすると計画なんか無理ですよね。為替もそうです。いろんな輸出輸入の関係を考えるときに、為替が一年間で二〇％も変動したら、計画なんて立たない。今は、先物取引が進んでいるので半年先ぐらいまでは、ある程度リスクヘッジできます。しかし、短期のリスクヘッジはできても、四年、五年という長期の投資計画を立てて、長期で資金を回収しようとすると、労働市場の変化や、物価や為替の変化がありすぎると、産業界は非常につらいんですね。そこはなるべく安定していてほしいわけです。

しかし為替や資源価格の安定化は、一国レベルでできるものではありません。それこそ国際的な管理の枠組みを考える必要があるんですが、各国の利害があるから簡単にはできない。ブレトンウッズ体制のときは、アメリカの覇権による強制力がありましたが、今はありませんからね。

そうなると各国レベルで経済管理をしなければいけないのですが、財政政策も金融政策も思ったほど効果がなくなっているうえに、雇用を守れという国内からの圧力も強まるので結局、どの国も保護主義的な政策を考えざるを得なくなると思う。第一次グローバル化のときも、最後は保護主義に行きましたが、これはある意味では必然なんですよ。

日本もそういうシナリオを考えておかないといけないときに、まだグローバル化の幻想から抜けられない。このままでは非常に厳しい時代になると思います。

第三章　格差と分裂で破綻する中国とＥＵ

▼EU危機で浮かび上がったネイションの意識

柴山　ここまで議論してきたようにグローバル経済の状況が厳しいなか、日本の進むべき道を考えるというとき、必ず出てくる議論が二つあります。一つは、これからはEUのように地域統合を進めて、一種のブロック経済のなかで新しい経済秩序をつくり出そうという議論。日本もアジアで連携して、アジア連合をつくり、通貨統合の段階から始めていこうといった議論もありましたけれど、そういう方向で本当にいいのか。

もう一つは、これからの時代をリードするのは中国をはじめとした人口の多い途上国だという議論。一三億もの人口を擁する市場があるということは成長の余地がまだまだあるということで、これからアメリカに代わる覇権国になっていくという見方ですね。

中野　私はどちらの議論も期待できないと思いますけどね。

柴山　僕も怪しいと思います。まずEUのほうからいくと、いまやほとんど出口なしといっていい状況ですね。リーマン・ショックまでは世界経済は総じて好調だったし、EUの輸出も伸びて生活水準も上がっていた。ユーロ・バブルもあって資金が潤沢で、それがスペインやギリシャにも流れ込んでいた。

ところが、リーマン・ショックと同時に世界中の景気が悪くなると、ユーロ・バブルもはじけてしまった。EU各国も財政出動で支えようとしましたが、当然限界はあるわけです。特にEU内のインバランスが表面化してきていて、為替リスクがないのでドイツは域内輸出を増やして黒字を積み増すけど、ギリシャなんかは恒常的に赤字になる。そのうえ借金が膨らんで、いよいよ利払いできない状態に陥った。

中野　これがギリシャで起きつつあるデフォルトですね。慌ててEUが救済しようとしても、EUは財政が統合されていないから、結局、ドイツなど財政上余裕がある国の判断で決まる。

柴山　南欧の連中はバブルに踊ってさんざん消費をしていたくせに、今、赤字になって困っているからといって、なんで俺たちの税金であいつらを助けなくちゃいけないんだと、ドイツ国民は当然反対なわけですね。といって放っておくわけにもいかない。ドイツの金融機関だって、ギリシャの債券やスペインの不動産なんかにかなり投資している。このままギリシャやスペインに破綻されてしまうと、お金を貸しているドイツの銀行が大ダメージを受けて、今度はドイツ全体が大混乱に陥りかねない。だからエリート層は救済を要請しているのですが、民衆はそれに反対している。というのが今のドイツの事情ですね。

しかし、だれかが損をかぶらないとこの問題は解決しません。二〇一一年秋にEU一七カ国で、ギリシャの借金を五〇％棒引きにする合意ができたのだけれど、今度は社会保障の大幅なカットなどに納得しないギリシャ国民が暴動を起こした。

ヨーロッパ統合というのは、長い戦争の歴史のなかで、国家を超えた地域共同体をつくり出す、そのための運動だったと理解されている。確かにそういう気運はあったし、実際EUの統合を進めてきたのは、その種の超国家的、汎ヨーロッパ的な、国家を超えたヨーロッパ・ネイションをつくり出そうという運動だったと思います。

ところが、こうした危機が起こってみると、もともとのネイションが復活する。自分たちのネイションでなんとかしようじゃないかという揺り戻しの議論が出てくるんですね。

中野　一種のナショナリズムですね。

▼欧州での暴動の背後に潜むエリート不信

柴山　そうです。ただ、ユーロをやめて各国通貨に戻し、ＥＵは解散しましょうなんてことは今更できないんですよ。ＥＵの市場統合から政治統合のほうに進んで、域内格差を埋めていくことでしか今の危機は解決できないんだけれども、それが限界に突き当たっている。

ＥＵ諸国の一般市民レベル、特にドイツとか、財政に余裕のある国からしたら、もうギリシャの面倒なんか見てらんねえよという感じなわけです。しかし、ブリュッセルに集まる政治家やエリート連中は、財政的にもＥＵ統合を進めていかないと我々全体が共倒れになると主張する。だから、エリートと民衆の間の対立が、今かなり顕在化しているんですね。

ＥＵには民主主義国じゃないと加盟できない一方で、ＥＵ全体としては民主主義が実現していない。ＥＵ全体が今後どういう方針でいくかは、ドイツ、フランスを中心とした各国のエリートがブリュッセルに集まって、いわば密室で決めているわけです。そこの意思決定には民衆は参加できない。

そこで、ヨーロッパ全体の仕組みを、ドイツとかフランスの一部のエリートが決めていいのかという問題が出てきている。これが民主主義の赤字と言われているものです。ヨーロッパ全体での格差の拡大も影響して、フランスやドイツでは「エリートたちが俺たちの生活を脅かしている」という反エリート主義が、今すごく強まっています。そのせいで、どの国でもエリート階層への不信が深まり、国内政治にまで支障が出てきている。ヨーロッパの今後の政情を考えるうえでそれが一番の問題ですね。

▼民衆の声はアンチ・グローバル化

中野　ドイツ国民がギリシャ救済のためのお金を払うのは嫌だという話は、ヨーロッパ全体よりドイツを優先するということで、グローバル化に対してナショナリズムが抵抗している構図ですね。ナショナリズムというと悪いもののようですが、これはグローバル化に民主主義が抵抗しているといっていい。

ブリュッセルに集まるエリート連中というのは、カント的なコスモポリタンの伝統にシンパシーがあって、普遍的人権が大事だとか言うんですね。でも、彼らのコスモって、ヨーロッパの外はないんですよ。いまだにそういう感じです。

確かにヨーロッパ人のエリート層には、昔はラテン語があったし、キリスト教だって、プロテスタント、カトリックの違いはあるにせよ、かなり共通の伝統がある。だから、ブリュッセルにいるエリートたちから見ると、イタリア人だろうが、スペイン人だろうが、ノルウェー人だろうが、連帯できるはずだという彼らの気持ちはわからないでもない。

ところが、民主主義の本当の主体である一般層というのは、その国の文化や伝統に密接に関わっていて、そう簡単には国境を越えられないんです。この人たちの声こそが、日本人の大好きな民主主義の声であり、草の根の声なんです。

フランスで二〇〇六年に、ジョゼ・ボヴェという農夫がマクドナルドを打ち壊すという行動に出ました。フランスでは彼はヒーローなんですよ。つまり、民主主義の民主的な声というのは、アンチ・グローバル化なんですね。

日本が変だと思うのは、民主主義や草の根が大事、人々の生活が大事だという左翼の人たちが、なぜかグローバル化に対して好意的なんですね。

柴山　グローバル化が歴史の必然だと思っていて、それが彼らの進歩主義的な気分と合うんですね。

中野　私に言わせれば、グローバル化に好意的な人間は定義上、左翼ではありません。はっきり言って、反民主主義者じゃないかと思いますよ。ヨーロッパの場合、エリートはグローバル化推進、民衆の声はアンチ・グローバル化です。
でも、エリート層には左翼のエリートもいるんですね。民主主義とグローバル化は敵対しているという観点から、グローバル化に反対しているのがヨーロッパの左翼知識人です。だから、左翼エリートと民衆の共通の敵はブリュッセルの官僚たち、ということになるわけです。

▼グローバル化は国内の分裂の危機

柴山　アメリカのリベラル派にもブリュッセルのエリート層と似たようなところがあります。『フラット化する世界』を書いて大ベストセラーになったトーマス・フリードマン的に言えば、グローバル化して経済的な相互依存が強まると、経済的に損だと思うから戦争はしなくなる、だから平和になるという議論がある。
中野　それはジョセフ・ナイ（民主党系の国際政治学者）が、七〇年代後半に相互依存論としてよく言っていた話ですし、さかのぼれば、カントも同じようなことを言っていました。

柴山　モンテスキューとかカントとか、啓蒙主義の時代に随分言われた議論ですね。最近では「資本主義の平和」理論と呼ばれていて、その代表がこのフリードマンの「デルの紛争回避理論」です。アメリカのデル社は中国にも台湾にも投資している。危なくないのかという問いにデルの会長が、「うちのような多国籍企業が中国と台湾の対立を緩和している」というようなことを言ったと。だからデル社のような多国籍企業が投資している国同士は戦争しない、というのが現代版「資本主義の平和」理論です。

中野　実際にその理論が信じられていて、特に日本ではそれが強く信じられている。日本は平和主義が強い国ですし、また、グローバル化というものについて最も警戒の少ない国ですから、日本がまさに資本主義の平和という理論を一番信じている国民なのかなという気がする。

しかし、資本主義が平和をもたらすという話は、ほんとうにそうなのかということはやっぱり考えてみる必要があって、まず一つは、先ほど言ったみたいに、国家って合理的に行動しないということですよね。なんていったって、民主主義というのは常に正しいリーダーを選ぶとは限らないし、世論が常に正しいとも、国家が未来を正しく予想し、正しく行動するとも限らない。その意味では合理的な行動をしないというのもあるけれども、もう一つ言えるのは、合理的に行動したとしても戦争が起きる可能性があるんですよね。

ただ、いまどき、中国やロシアがもっとも恐れているのは、外からの侵略よりも、なかから分裂することです。その気配にはすごくびくついているわけですね。貧富の格差とか、富の一極集中によって、国内の分裂が中国で起きかかっています。ヨーロッパでもなかなから混乱が起きている。

これから警戒しないといけないのは、国家間の対立という古典的な戦争より、国のなかが分裂して壊れていくということです。国家間の戦争がなければ平和だというのは一九世紀的な考え方で、現在の戦争は、むしろ内紛、内乱、社会的混乱から起きるわけです。

今の北アフリカだって、国家間で戦争はしてないですよ。なかで勝手に分裂して、崩壊しているわけです。それが、グローバル平和主義の根本的な間違いの一つです。

▼深刻化する労働者と資本家の対立

中野　もう一つ重要な問題は、グローバル化というのは、そうした国内での対立を誘発するということです。それこそ古典的なマルクス主義の議論で言えば、デルがいくら儲けたって、労働者は地元に残っているので、労働者とグローバル資本家の対立が出てくる。

グローバル化というのは、労働者の賃金を上げさせないので格差が拡大するばかりですからね。ポール・クルーグマンや、ローレンス・サマーズなど、グローバル化が大好きなエコノミストたちは、二〇〇〇年代半ばぐらいまでは、そんなことはないと必死に否定していました。しかし、さすがに二〇〇〇年代中盤以降、賃金が一向に上がっていないのを目撃すると、あのグローバリストの経済学者ですら、グローバル化は労働者に対しては被害を及ぼすと認めざるを得ない状況になっています。

また、最近、チュニジアやエジプトなど、北アフリカで政変や内戦が続出しましたが、それもグローバルな穀物市場で小麦価格が高騰したからですね。つまり、二〇世紀末から二一世紀型の戦争が国内紛争だとすれば、グローバル化は、思いきりそれに手を貸している。それどころか、ほとんど主たる原因といっていいんじゃないかと。

柴山　先進国の場合にはグローバル化だけでなく、脱工業化も賃金が不平等化する要因になっていますね。サービス業というのはあまり安定した雇用をつくれない。製造業だと、たとえば自動車は部品のすりあわせが必要だから、組織のチームワークが生産性に決定的な影響を与える。ある程度、人を囲い込んでチームを固定化して、忠誠心をもって働いてもらい、その報酬として安定的な雇用と賃金を保証するわけですが、サービス業はそうじゃないんです。今の外食産業なんかを見ればわかるように、アルバイトを多用してコストを減らす努力をしないと利益が出ない。

中野　ウィリアム・ボーモルのいうコスト病ですね。

柴山　そうです。サービス業は人対人だから人件費の比率が高い。だから売上が伸びるとその分、人も増やさないといけない。理髪店でもお客さんが増えれば、従業員を増やさないと対応できませんよね。

そのなかで儲けようとすると機械化を進めるか、チェーン化を進めていって、資本利用の効率を上げて、なるべく人を使わないようにしないといけない。コンビニなんかはその典型で、小売業はそれを徹底的にやっています。

もちろんサービス業でも雇用は生まれるんですが、製造業のように安定した雇用ではなく、ごく少数の店長クラスだけを正規雇用して、あとは代替可能なアルバイトで対応していくしかない。アルバイトの収入はそんなに上がりませんから、製造業がなくなると、雇用の量も質も悪化せざるを得ないという現実がありますね。

▼経済成長が格差を拡大させる中国

柴山　中国はその点、まだ途上国ですから、製造業で人を集めていますが、中国の大きな問題は、人が多すぎることなんです。

よく六〇年代の日本の高度成長と今の中国の成長が比較されますが、決定的な違いは、今の中国の所得格差が拡大している傾向に対し、六〇年代、七〇年代の日本は格差が縮小していく傾向にあったことなのです。南　亮進《みなみりょうしん》の研究などによると、この時期、所得の不平等度を測るジニ係数は下がっています。高度成長期の日本は明らかに格差が縮んだのに、図6（次頁）のように、中国は今ものすごい勢いではね上がっている。こういう格差拡大型の成長は、戦後というよりむしろ戦前の日本の発展に近い。つまり成長すればするほど経済格差が広がるという発展パターンなんです。

図6　日本と中国のジニ係数

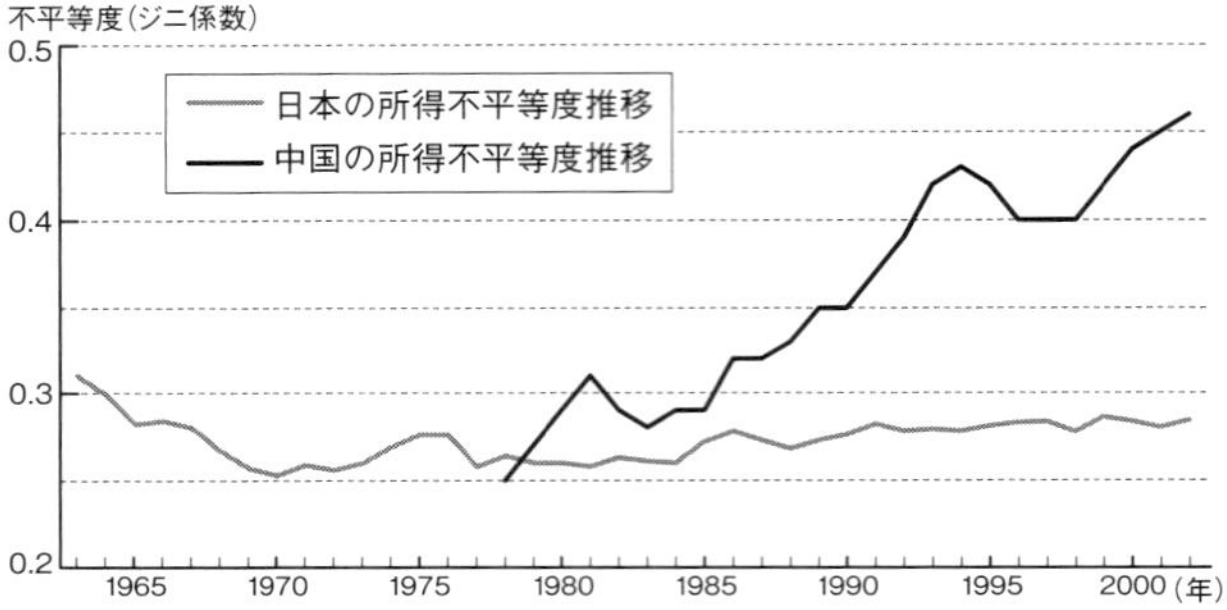

日本：樋口美雄、大竹文雄ほか『日本の所得格差と社会階層』（日本評論社）と『家計調査』（全世帯）総務庁の資料より作成
中国：薛進軍、園田正、荒山裕行『中国の不平等』（日本評論社）とMartin Ravallion and Shaohua Chen,"China's (Uneven) Progress Against Poverty", World Bank Policy Research Working Paper 3408, Sept. 2004. より作成

なぜそういうことが起きているのか。これは、戦前の日本もそうでしたが、中国の農村にまだ膨大な過剰人口がある。農村部から労働者を連れてくるのですが、まだ山ほど人口のストックがあるので使い捨てができてしまう。雇い主と雇用者でいえば、雇い主が圧倒的に強いわけですね。待遇に文句があるなら帰れ、いくらでも代えはきく。こういう使い捨てができてしまうんですね。

中野　雇い主が権力をふるうという、資本主義の一番横暴な側面ですね。

柴山　そうなんです。日本も戦前から戦後の一時期まではそうでした。高度成長期には農村から都市への人口移動が急速に進みましたね。そして農村が空っぽになった。七〇年代には農村の過疎が社会問題になる。つまり、戦前から続いた過剰人口問題が解消したんですね。

▼格差縮小を実現できた高度成長期の日本

柴山　その結果、雇い主と雇用者の関係が逆転してくる。雇い主が横暴だった頃の五〇年代、六〇年代は、労働運動が激しく、ストだらけですよね。共産党や社会党が力をもって、労働争議の件数は年々うなぎ登りに上がっていった。ところが七〇年代前半から急に減少する。七三年は福祉元年で、社会保障が充実してくるという事情もあるんですが、それ以前に日本の産業構造、人口構造が歴史的な転換を遂げたことが大きい。若い人は全部都会に出てきて、それでもなお日本が成長しようとすると、人手が足りなくなる。それでも人を集めるにはどうするか。賃金を上げる、労働者にいろんな権利を保障する、企業内福祉を充実させるという動きが出てくる。それで七〇年代から労使協調が急速に進んだのです。

他にもいろんな事情がありますが、格差縮小の一番の原因はやはり農村の過剰人口の解消です。しかし、これは特殊な歴史的事情で可能になった面がある。製造業が基盤を国内においていて、経済も右肩上がりに成長していたので人手不足が深刻化していた。そういう条件の下で可能になったわけです。

けれども、グローバル化が進むと、生産拠点が海外に行ってしまうので、製造業分野の雇用が縮小する。国内で生産する場合にも、液晶のような装置産業が中心で、組み立てラインは賃率の低い海外に行くか、派遣労働が中心になる。もちろんサービス業の雇用は増えるのですが、先ほど言ったように質のいい雇用はなかなか保証されない。成長すれば格差が縮小するという幸福な時代はもう過去のものなんです。

日本の所得格差の拡大は数字上のトリックだという学者もいます。少子高齢化のせいで、格差は広がっているように見えるだけだと。高齢化した世帯は所得がないので、高齢化世帯が増えれば増えるほど、高齢化世帯の所得はゼロ円。ゼロ円の人が増えていくと、統計上は経済格差が広がって見えるというわけです。たしかにその要素はある。しかし、質の悪い雇用についている人たちが、今後も低賃金の状況が続くのは明らかなので、長期的に見れば、日本もこれから本格的な格差社会になっていきますよ。

中野　これはもう世界的な傾向ですからね。

▼「格差が国を滅ぼす」と言い続けた毛沢東

柴山　中国の格差の話に戻すと、毛沢東は、中国は経済発展を急いではならない、海沿いの発展を優先してはならないとずっと言っていたんですね。沿海部の発展は中国を滅ぼす。なぜなら、沿海部ばかり発展すると、中国という巨大な国家の一部の海沿いの地域だけが発展することになり、農村は全滅して、国防が不可能になる。それ以前に国が分裂してしまう。毛沢東は「革命は農村から始まる」と言って、農村を取り込むことで革命を行った。だからとにかく中国は農民をベースにしなきゃいけない。それは社会主義という以上に、中国の歴史から毛沢東が読み取った指針なんです。

実際、歴史を見ると、中国は大陸国家としての性質がありますね。海に出た時代はほとんどない。例外として明の時代には一時的に海沿いを中心にすごく発展した時代がありました。鄭和《ていわ》大航海といって、ヨーロッパ人より先にマダガスカルに着くぐらいの遠洋航海技術を、あの時代の中国はもっていたんです。ところが鄭和の死後は、海禁政策をとって、海沿いの商業を封鎖してしまう。海沿いの地域が商業で発展すると、国内がアンバランスになって統治が難しくなりますからね。

その意味では、毛沢東が正しかったのかもしれない。中国というのは、発展していけばいくほど、所得の格差以上に地域間格差が広がって、国が不安定になるという問題を抱えているのです。

今のような発展パターンを続けていると、先ほど中野さんが指摘したような分裂の危機に直面します。胡錦濤が一生懸命、沿海部から金を引っ張ってきて、内陸部に流すという再分配をやっていますが、政府がいくら再分配をやっても、民間レベルで自生的に再分配が起きる仕組みがないと、すぐに限界が来るんですね。

中野　今日の世界では、どの国も政府がかなり強権的に再分配しないと平等が維持できないという構造になっていますね。

柴山　ええ。中国もそうですし、ヨーロッパもそうなってきている。

▼グローバル化時代に成長期を迎えた中国の苦しみ

中野　どうして日本人が中国に対してロマンティックな期待を抱くのか、よくわかりませんが、日本人の想像を絶するような深刻な問題を、中国は本質的にもっています。日本の六〇年代の成長の仕方のアナロジーで、中国も成長し、成熟し、中国も日本と同じようになるなんて、とんでもない間違いですよ。

柴山　ＧＤＰ成長率だけ見ていると、なかなかそれがわからないんですね。

中野　日本の成長には、さっき柴山さんが言った、時代状況を含めた幸運というものがあったけれど、中国はそれをもってないわけです。第一に、日本の高度成長のころはそんなにグローバル化してなかったですからね。

柴山　そうですね。日本は外資の力にそれほど頼っていないですから。

中野　ところが、中国は気の毒なことに、グローバル化することで成長しようとしたので、資本を外から入れている。だから、所得格差を小さくしようと、労働者の賃金を上げて経済を成長させようとした瞬間に、ベトナムなどもっと賃金水準の低い国に資本が出ていっちゃうんですね。したがって、賃金を上げることができない。賃金は上がってないのに、バブルで物価だけ上がっているので、各地で労働者の暴動が頻発しているんですね。

柴山　沿海部で人件費が上がると、中国企業でさえ生産拠点を他のアジア諸国に移すのです。内陸部に行くより、そっちのほうが貿易に有利で儲かりますからね。

中野　一方で、少子高齢化が日本同様に進みつつあるので、これから市場は拡大しなくなるわけです。日本は少子高齢化だから中国に出て市場を取りに行こうと言うけど、中国のほうも少子高齢化が進むので、日本の出る幕はないのです。

さらに、普通は少子高齢化して労働者が減ると、賃金が上がっていくものなんですが、賃金を上げることは中国の輸出市場戦略に致命傷を負わせる。じゃあ高付加価値で勝負だということで、あの事故を起こした新幹線をはじめ、各国の技術をパクりまくっているんですが、特許政策が不備だと実のある経済成長はできないんです。

中国が低賃金以外のところで勝負するのは極めて難しい。低賃金以外の競争力をつけるのはいずれ必要なことなんでしょうが、今の危機を乗り越えるためには到底間に合わない。たとえば、農民がみんな沿海部に出稼ぎに行って、豊かな所得を得るというような人口移動を仮にやったとしましょう。これは経済学では見落としがちなんですが、人口の大きな移動は民族意識を刺激するということが社会学的には言われているんですね。

▼人の移動が民族紛争を引き起こす

中野　つまり、こういうことです。ウイグルはウイグル自治区のなかで、チベットはチベット自治区のなかだけで、少数民族が住んでいる分には、自分の民族性なんて大して気にならない。ところが、そこから外に出ると、同じ国家なのに違う言語をしゃべっている、いろんな民族がいると知る。ある民族は虐げられているのに、漢民族だけが得をしている。そして村に戻ってくると、自分の民族がいかに無残な生活をしているかがわかる。

そういう人口の大きな移動が民族主義の覚醒を刺激するということは、おおむね認められています。このことはアーネスト・ゲルナーというナショナリズムの研究家も強調しています。原因と結果、どっちかは別にして、とにかくナショナリズムの勃興や民族紛争の激化という問題と、経済だか何かを理由にした人口の大きな移動というのは密接な相関関係がある。

日本のように農民が東京や大阪に出稼ぎにいくという人口移動が可能なのは、エスニシティの摩擦が少ないからなのです。同質性の高い民族性をもつ国民のなかで、国民統合がすでになされている。言語も習慣もみんな同じという環境での移動だから、それほど大きな問題は起きない。

それに比較して国内に異質な民族性を有していると、必ず問題が生じる。だから、多民族国家で人口移動が起きるのは危ないいんです。北京語だけ使えとか、少数民族は多数派の民族の文化の同調圧力をすごく受けますから。その圧力のなかで、マイノリティのほうは、自分の文化を守らなきゃと思うようになる。中国の経済発展とともに、チベットやウイグルで頻繁に暴動が起きているのは、なんら驚くべきことではないんです。

▼国民統合が進む前に経済発展した中国の不幸

中野　一方で西洋や日本のような先進国は、経済発展や資本主義が発展するなかで、国民統合をなし遂げたうえで、八〇年前の大恐慌のようなクラッシュを食らった。逆に言えば、国民統合をなし遂げた国ぐらいしか世界資本主義のクラッシュを受けていないので、その後、なんとかなったわけです。

ところが今、中国とかロシアとか、国内の統合も未熟で、資本主義としての経験も浅い国々が、最先端の先進諸国ですらコントロール不可能なリーマン・ショックという世界金融危機を食らってしまった。国内の基盤ができてないのに、外から巨大な圧力を食らったという、非常に危ない状況になっている。

したがって、柴山さんが指摘した、日本が所得格差を是正する形の経済成長を成し遂げた条件である地域間の人口移動をした瞬間に、別の問題を起こす危険がある。つまり、民族意識を高めて国内を分裂させる危険を、常に中国は抱えているんですね。

柴山 なるほど。そういう問題がありますね。

中野 人口を移動させないで資源だけ再配分するためには、かなり強権的な福祉国家というものが必要になるのですが、これもまた問題なんです。

自由権から社会権へという福祉国家の成立条件は、公民の教科書で習いますよね。社会権というものは、かなり高度な自由民主社会において実現させられる権利なんです。自由権もまともに保障されてない中国に社会権だけ与えられて、国民が自由権はいいやと思うかといえば、そうはいきません。社会権を与えた瞬間に、民主化運動が起きるわけですよ。

柴山 それを共産党がマネージメントできるわけもないですしね。

中野 ええ。福祉国家なんかをやった瞬間に、民主化運動を引き起こして、国内はまた秩序が不安定になる。それ以前に、ある資源を国家が強制的に吸い上げて、別のところに再配分するという福祉国家を成立させるには、階級とか地域間を超えて共有されるアイデンティティがないと無理なんですね。

たとえば関西や九州の人だって、東北であれだけの被災があると東北の人たちを救済するために税金が投入されることに同意するわけです。なぜならば同じ日本人だから。ただし、同じ額をソマリアに投ずるとなれば、いくらソマリアが気の毒でも、難色を示す。

これは、自由がどうの権利がどうのではなく、同じ日本人だから助けましょうという、ナショナル・アイデンティティを共有しているからできることなんですね。東北の震災支援だけでなく、失業した人、貧しい人、苦しい人に、国がお金を出す社会福祉政策に、日本人が同意をしているのは、同じ日本人だからというのがあるわけです。自分の財産をまったく赤の他人にあげるなど、とてもできることではないにもかかわらず、福祉国家というのはその不思議なことを実現している。それは、同じ国民であって、赤の他人ではないという意識が働いているから。ピンクぐらいの他人なんですね。

ところが、中国では、田舎のウイグルの農村部にいる人たちは、沿海部に住む漢民族からしたら、完全に真っ赤な他人なんです。さっきのドイツ人がギリシャ人のためにお金を出すのを渋るのと同じように、中国国内でそれが起きるわけですね。下手すると同じ漢民族ですら、豊かな漢民族のエリートが貧しい漢民族の人たちに所得再分配することを同意するかどうか。これはかなり疑問ですね。

柴山　しかも中国は分権国家で、地方政府がまだ強い権限をもっているんですね。この前、ある評論家が、中国は日本より分権が進んでいていいと、訳のわからないことを言っていましたが、その評価は完全に間違っている。中国は、地方政府の強い権限で、地方間の所得再分配に反対しているんです。儲かっている上海は、なんで俺たちの金が農村に行かなきゃいけないんだと言うわけです。

中野　まさに一国ＥＵ状態。

柴山　そのとおり、一国ＥＵ状態で、地域間の所得再分配も含めて、漢民族同士が再分配に反対しているという構造がある。ネイションとしてまだ未熟なんです。

中野　未熟なんですが、これだけの金融恐慌を受けて景気対策をやるなら、もろに被害をこうむる人たちを国家はプロテクトしないといけない。福祉国家で保護して国民を守らない限り、外からの恐慌的なショックの荒波を防げないんですよ。ところが、その用意がないんですね。したがって、このままいくと、中国は、財政出動しようが、金融緩和しようが、所得格差がもっと拡大する方向に行ってしまう危険性があります。

▼中国化するＥＵ――国民統合が解体する先進国

中野　妙なことに、今の中国の問題とそっくり同じことがＥＵやアメリカでも起きているんですね。今は、どの国も政府がかなり強権的に再分配しないと平等が維持できないという構造になっています。

柴山　ええ。中国もそうですし、ヨーロッパもそうなってきている。ヨーロッパがこれまで安定した福祉国家を維持できたのは、政府レベルでの再分配より前に、民間レベルで賃金格差が縮小していたからですね。

ところが、グローバル化と脱工業化が進むなかで、ヨーロッパでも再分配前の所得格差が拡がっている。それでも平等化を進めようとすると、政府の再分配機能が拡大して行かざるを得ない。だから税率も上がっていくし、政府の規模も大きくなっていきます。スウェーデンでは国民負担率が七割を超えていますね。欧州各国も次第にそれに近づいていく。しかし、いずれ限界が来るような気がします。

中野　資源の再配分や政府が格差を是正する、あるいは国民みんなで世界恐慌を乗り切るために必要な条件を中国はもってないし、アメリカはいつの間にかそれが壊れちゃっている。ヨーロッパはもっていたんですが、ユーロ国民国家的なシステムを目指そうとしている途中でリーマン・ショックがあって、頓挫してしまったんですね。

そういう意味では、日本は、国民統合をすでになし遂げているとか、政府による所得再分配にも同意しやすい条件があった。資本も、アメリカや中国ほどグローバル化が進んでいなかったというラッキーな条件もあった。それなのに、この二〇年間ぐらいで自ら解体させてしまったんですね。

でも本当なら、日本では、労働者の賃金を上げて、中間層の所得を上げてという、グローバル化に逆行するようなことをやっても、国内市場が大きいので、内需主導の成長が可能なのです。そうすれば国内の需要が膨らんで、日本の企業が国内で商売ができるようになる。所得の格差も是正される。

現に、日本は七〇年代から九〇年代あたりまで、ずっと内需主導で成長していたのです。もちろん、輸出でも稼ぎましたが、かつては輸出の拡大とともに労働者の賃金も上がり、内需が拡大したので、輸入も増えました。

繰り返しになりますが、図5（95頁）で見たように日本のGDPに占める輸出の割合は、ずっと一割程度だったのです。これは、アメリカよりちょっと大きいだけで、そのバランスが崩れたのは、二〇〇〇年代に入ってからです。デフレのせいで、内需は伸びず、一人当たりの国民所得も下がり続けるなか、輸出だけが伸びて、GDPが少し成長しました。こういう外需主導の成長は、日本経済の本来の姿ではありません。

しかも、すでに申し上げたように、その輸出拡大はアメリカの住宅バブルの産物にすぎません。それが崩壊したのだから、日本は、本来の内需主導の成長に戻るべきなのです。

▼社会保障が基盤にないとケインズ政策はきかない

柴山　中国の場合は、そう簡単にはいかないわけですね。

中野　そう。これは第一章で話したグローバル・インバランスの問題とも絡んでくる。グローバル・インバランスは、アメリカの経常収支赤字を削減するとか、中国や日本が内需を拡大することで解決できるんですが、アメリカは社会的に無理。中国もまったく同じで、中国に内需拡大しろといっても現実にはできない。それはさっき言ったように、所得格差の是正が政治変動を起こしかねない危険を内包しているからなんですね。

たとえば中国が金融緩和や財政出動をやってお金をばらまきました。普通お金をばらまいたら消費意欲は増します。ケインズ主義的にはそうだし、政府が需要を刺激することは可能なんです。しかし、政府にお金を渡されて、貯金せずに使おうと思うためには、福祉があるから将来は心配するなという福祉が保障されている国でないとだめなんです。将来が不安だと、お金をもらっても今、消費する気になれません。中国は社会福祉がないがゆえに、いくらケインズ主義的な需要刺激策で国からお金がばらまかれても、中国人たちは消費に回さないで貯蓄に回すわけですよ。特に不景気であればあるほどそうなる。したがって、内需は拡大しないし、経済も成長しない、ということになります。

結論から言えば、ケインズ主義的な不況対策というのは、国民統合された福祉国家でないと機能しないんですね。

▼未成熟なネイション・ステイトがグローバル化する危険

柴山　マクロ的な経済管理は、成熟したネイションの下でないとうまくいかないということですね。

中野　そうなんです。繰り返しになりますが、マクロ経済管理ができない国はグローバル化してはいけなかった。中国やロシアなど、日本人が羨ましがっていた「成長する新興国」は、マクロ経済運営に必要な条件もないのに、グローバル経済に接続されてしまった。防波堤なしで荒波にさらされているという状況なのに、日本人はそのことを全然知らないんですよね。

柴山　明治以降の戦前の日本も、ほとんど準備もないままにグローバル経済に接続されて、大混乱に陥りましたからね。経済格差は広がるわ、戦争はしなきゃいけないわ、財政は常にピンチだわという状況のなかで、結局、国はもたなかったですからね。

経済発展が大事ってみんな言いますが、その前にまずしっかりとした国家が形成されるプロセスが必要なんです。政治学でも、最近ようやくネイション・ビルディングとかステイト・ビルディングという概念が注目を集めている。日本語で言えば「国づくり」ですね。経済の発展以前に、きちっとした信頼できる政府が存在すること、市民社会で一定の法の秩序やルールが守られていること、また政府と市民社会の間に企業や地方自治体、あるいはメディアや業界団体などの中間集団があって、それらが複雑に連携して秩序を形成している。そういう条件が整ってこそ国家は安定するし、政府の経済政策も、社会政策も有効になるということなんですね。

考えてみれば日本は、幕末から始めたとして、今日まで一五〇年かけて国づくりをやってきたんですね。その途中で何回も戦争や恐慌を体験して、なんとかここまで来た。

中国は、どこをスタートと見るかは別にして、少なくとも今の体制ができたのは六〇年くらい前、一九五〇年代ですね。その前はずっと内戦だったし、侵略もされていた。日本で六〇年目というと、明治維新から始めると一九三〇年前後でしょう。まさに大恐慌で社会が大混乱になり、その後でクーデタだ、軍部の暴走だ、となっていった。

今の中国の経済発展はこれから始まる大混乱の前触れであると考えるのが、自然でしょうね。中国がこれから戦争や内乱、国家の崩壊も起こさずに、あと一〇年、二〇年もすれば安定した国家になるということ自体、歴史というものをまったく踏まえてない見方だと思います。単にマクロの数字だけを見た議論でね。

中野　しかし、中国がバブルだとか危険な状況にあるという警告をいくら発しても、いや、中長期的には伸びるんだという議論も相変わらず多いですよ。

柴山　人口が多いところから発展するとかね。

中野　実に愚かな議論だなと思いますね。

▼北欧福祉国家の成功はバブルのおかげ

中野　中国の社会保障の問題に触れたので、ここでちょっと福祉国家について問題提起したいと思います。私の見解では、欧州型の福祉国家というのは、まだ完全に同意できない難しさがあるなと思うんです。

柴山　この場合の福祉国家の定義ですが、福祉というのは人間の生活に必要なもの、要するにウェルフェアですよね。日本人は福祉というと、政府が供給してくれるサービスのことという、行政国家的なイメージでとらえていますが、本来の福祉の定義は広くて、生活に必要な子育て、教育、医療、介護などは、必ずしも政府が供給しなければいけないというものではないんですよね。

福祉国家には幾つかのパターンがあって、社会学者のG・エスピン－アンデルセンも言うように、福祉を市場が供給する場合もあれば、政府が供給する場合、あるいは家族や共同体のなかで供給する場合もある。今、中野さんの挙げたのは、国家が独占的に福祉を供給するような体制という意味での福祉国家ですね。

中野　そうです。国家主導型の福祉国家で、高福祉・高負担と言われている類型……。

柴山　スウェーデン、デンマークモデルみたいなものですね。

中野　そのとおりですね。日本でも社会保障制度の研究者のあいだで、高福祉・高負担政策に舵を切るという議論をされていますが、この方向転換は構造改革や新自由主義で荒れ果てた後には、かなり魅力はあるんですよね。

とりわけ、グローバル化というものに対抗するには、ある程度国家の役割は必要です。もしグローバル資本主義がこれほど強烈でなければ、共同体で福祉を守るという選択肢もあり得たとは思うのですが、北欧では国家が主導する福祉、つまり税の高負担に国民が合意しています。高福祉が実現できるなら高負担でもいいというので、民度が高いということになっている。

デンマークが典型ですが、フレキシキュリティという政策が九〇年代後半以降、北欧で進みました。柔軟性を意味する flexibility と保障を意味する security を組み合わせた用語です。柔軟性・流動性のある労働市場を整えて、つまりは解雇しやすくしているのですが、その分社会保障を拡充し、労働者の生活を守ろうというものです。

フレキシブルに人が移動して職業を転々とするという意味では、ネオリベラリズムの理想に近いんですね。成長産業に人を集めることもできるし、資源の配分もマーケット・メカニズムに従って行われると。ネオリベラリズムの問題は、失業した人たちのケアなんですが、そこでセキュリティ政策が出てくる……。

柴山　生活の保障ですね。

中野　そう、その生活の保障で、福祉国家の出番になる。この組み合わせによって、労働市場と福祉の両方のいい面が得られる政策だといって、フレキシキュリティが非常に讃えられて、こうした北欧モデルを目指すべきだという議論が盛り上がった。この右でも左でもない、二つをアウフヘーベンしたような新しい政策だというわけです。

柴山　第三の道という言葉がはやりましたね。

中野　そう、北欧をモデルにした第三の道を目指すべきだという議論ですね。

しかし、この議論には一つ盲点がある。じつは、こうした二〇〇〇年代後半の福祉国家の成功も、グローバル・インバランスの産物で、アメリカが住宅バブルで過剰消費をして、経済を引っ張っていたからうまくいっていた可能性があるんです。

柴山　ああ、その指摘はすごく重要なことだと思います。

中野　八〇年代から九〇年代までは、福祉国家は社会を硬直化させてうまくいかないと言われていたのが、急に二〇〇〇年代に成功するようになった。調べてみて驚いたんですが、北欧諸国は二〇〇〇年代に入ると、ＧＤＰに占める輸出の比率が非常に高くなっているんです。〇八年のデンマークなんか、ＧＤＰの五〇％ぐらいが輸出だったんです。

だとすると、これらの福祉国家が、高福祉・高負担であっても経済が活性化していたのは、庶民の民度が高かったせいではなく、アメリカの住宅バブルによって引っ張られて潤っていたからなんですね。これまでは、高福祉・高負担の政策は勤労意欲を失って、経済競争力がなくなるなど、いろいろと言われていたのですが、経済も絶好調、福祉国家と経済成長が両立したということになっていた。ところがそうではなかったというのが一点目。

もう一点は、さっき言ったように、福祉国家が重要なのは不況のときなのです。不況のときに福祉国家でなければ、経済の崩壊が国民生活を直撃する。特にデフレによる失業、生活水準の低下というのに人間は耐えられない。そんな不況にあっても、社会が崩壊しないために福祉国家はあるわけです。

ところが、福祉国家について疑念を突きつけられるのは、いつも、その不況のときなのです。結局人々って、高福祉・高負担に同意していると言いつつ、不況になるとやはり高負担がつらくなるんですよ。苦しいときは、働かないで楽をしている人にも不満が及ぶのです。

▼不況のときに重税感のつのる間接税

中野 ヨーロッパは、消費税——付加価値税と向こうでは言いますが——つまり間接税の比率が高い福祉国家が多いですよね。日本もその方向に移行すべきだという意見が多いのですが、実は間接税が高い国というのは、経済成長が穏やかなのです。

柴山　アメリカや日本のように直接税中心の国のほうが、経済成長率がよかったという実証研究がありますね。

中野　直接税ならば、所得、利益がない場合は、所得税と法人税は無税になるので、不景気になると税負担が楽になって、景気が回復する。逆に、景気がいいとたくさん所得税、法人税は支払わなければいけないので、これがネックになって景気が冷えてくるのです。いわゆる、ビルト・イン・スタビライザーと呼ばれる効果です。

　これに対して、間接税中心のヨーロッパの場合、景気がよくても悪くても、消費税は同率です。だから、景気が悪いときは非常にきついわけです。直接税と違って、景気を冷ます効果もなければ、不景気のときに負担を軽減する効果もない。それだけでなく、消費に課せられる税が多い国では、消費が膨らんで経済が成長することがあまりないので、ヨーロッパは一般的に経済成長率が低いんですよね。

柴山　日本では左翼を中心に、ヨーロッパは消費税は高いけれど、福祉が整っているから将来不安がない、だから積極的に消費するので経済も回っているという議論が多いですね。

菅政権のときにも、消費税増税と経済成長は矛盾しないと言われていた。モデルとなったのはヨーロッパですが、しかし、今、中野さんが指摘したのは、ヨーロッパが福祉国家としてうまくいったのは、じつはバブルのせいだったということですね。その点は重要だと思います。

▼欧州内グローバル・インバランス

柴山　この一〇年間、世界全体の好景気もあったし、ヨーロッパ全体がユーロ・バブル状態で景気がよかったと同時に、ヨーロッパ南北問題があって、北ヨーロッパの国々が南ヨーロッパに輸出して経済が順調だったという問題があった。ドイツなんかが山ほど黒字を稼ぐ代わりに、稼いだお金を民間の投資という形で、ギリシャやスペインに送るという構造ですね。これはヨーロッパレベルでのグローバル・インバランスです。それがヨーロッパの国々の高度な福祉を可能にしていた面がある。

しかし、ヨーロッパも不況の深刻化が言われているときに、高福祉・高負担の福祉国家がもつのかという試練がこれからやってくる。

中野　新自由主義的なグローバル化のモデル、これを右だとすれば、右側の議論がだめだったので、左側の社民主義、福祉国家の議論が正しかったんだとなる。

しかし、それは違うんですよ。右から左に移行すればいいという問題ではなく、右も左も全部グローバル化という共通の前提のうえに立っていたのだという話なんです。そのグローバル化はアメリカの住宅バブルの産物で、それが崩壊したのだから、右も左もアウトだということ。そういう危機感をもたなければいけないと私は思うんですね。

柴山　その意味では、日本がこれから福祉国家を目指すというときには、グローバル化の罠がないか、よくよく注意しなければいけないですね。

中野　そうなんです、よく見極めないと道を誤ることになると思います。

第四章　冬の時代のための経済ナショナリズム

▼危機の時代に生まれた異端の経済思想が現代を救う

柴山　今まで中野さんと世界各国の問題点について話してきましたが、グローバル化の弊害はかなり深刻なことになっています。グローバル化で荒れた社会で、人々が共存していく仕組みを国際的にも国内的にもどうつくり上げていくか、これから本格的に問われてきます。

中野　この二〇〇〇年の経済思想の歴史のなかには、世界経済全体がすごく順調にいっているときといっていないときがあります。経済思想史の流れがおもしろいのは、経済がうまくいっていないときの傾向として、通常の経済学の議論では見落とされていたものに注目する動きが出てくるところなんですね。

柴山　経済思想史では、自由主義をベースにした経済学が正統派と見なされていますね。現代経済学はよく新古典派と言われますが、これは一九世紀イギリスの、自由主義を前提にした古典派経済学の精神を継承しているからです。

しかし、経済思想史にはそれとは別の系譜もあって、中野さんが研究されている経済ナショナリズムはその典型ですね。危機の時代にはそちらのほうがアクチュアルになる。

中野　いわゆる自由主義経済学がオーソドックスだとすれば、オーソドックスからの逸脱の時期が危機のときだということですね。逆に言えば、危機のときにオーソドックスから逸脱できた国だけが生き残れる、ということです。

柴山　これまでグローバル化の問題や、資本主義の本質についてあれこれ議論してきました。リーマン・ショック以後の一連の経済危機を考えると、自由主義をベースとした正統派の経済学、経済思想だけでは解決の方向性がなかなか見えてこない。

それどころか、自由化を闇雲に追求してきた結果が今の危機だと言えるわけです。そのことを確認したうえで、それとは違う方向性はあるのか、ということをここでは議論してみましょう。

最初の論点は、やはり保護主義ですね。現在、日本を皮切りにデフレが深刻な問題となっていて、これまでデフレと無縁だったアメリカや他の先進国でも、バブルがはじけてみればやはりデフレに近づいている。その対処法として、財政出動や金融政策ももちろん重要ですが、それ以上に、グローバル化がもたらすデフレ圧力をどう緩和するかを合わせて考えないといけない。そこで保護主義の問題が必ず出てくると思うんです。

保護主義というのは非常に誤解の多い概念で、正統派の経済学や経済思想ではもっとも異端視されている。ただ、我々がこれまで議論してきたことが正しいとすれば、世界はこれから脱グローバル化の流れが出てきて、世界不況が深刻化すればするほど、各国は保護主義的な方向に舵を切る可能性が高い。

第一章で議論したグローバル・インバランスを是正するには、G8とかG20とかで為替や資本移動を調整する新たな仕組みをつくるのが不可避なんだけれども、現実には難しいですね。そうなると、各国レベルで危機への防衛策を考えて行かざるを得ない。これからそういう動きが次々に出てくると思います。

それに、アメリカ政府がGMのような大企業を救済したのは保護主義ですよ。保護主義は輸入を関税でブロックするという古典的な手だけではなく、いろんなやり方がある。しかし、それらがすべて悪い傾向だと考える必要はなくて、歴史を見ると危機になれば必然的に出てくるものなのです。

中野　そう、保護主義というのは、不況のときになると必ず出てきますね。一般に保護主義の始祖と見なされているのが、一九世紀ドイツのフリードリッヒ・リストですね。彼は『政治経済学の国民的体系』という本を書いているのですが、この本を書いた当時、ヨーロッパは不況だったんです。その次に保護主義の議論が起きるのが一八七〇年代あたりで、このときもイギリスを中心に大不況が起きていた。

柴山　アメリカが保護主義をとって成功した時代ですね。

中野　ええ。ちょうど第二次産業革命が起きた時代ですね。そして、この第二次産業革命こそが、将来が不確実だと絶対に投資できない、長期的な投資が必要な産業が発展する起点となりました。つまり、鉄鋼業や重工業、石油業といった大規模装置産業が発達していくわけです。そのときにアメリカは完璧に保護主義をとって、世界経済の覇者にのし上がっていきます。

柴山　それは、すごく重要な指摘ですね。今では考えられないことですが、アメリカは一九世紀においては、世界で最も閉じた国ですからね。一九世紀の第一次グローバル化の時代で、アメリカはもっとも関税率の高い国だった。

中野　そうです。「アメリカン・システム」といって、アメリカは建国以来、そういうアメリカ型の体制をとり続けて、のし上がった。

柴山　外交的にもモンロー主義だったわけで、いまふうに言えば内向き国家の最たるものだったわけです。

中野　戦後、自分たちがトップに立ったから、貿易自由化とか言っているんですが、それまでは非常に閉じた国で、かつ成功した。

ドイツも同じようにして、化学工業を非常に発達させましたよね。一八七〇年〜八〇年代は、世界的にデフレ不況だったんですが、ヨーロッパでは、保護主義をとった国は景気が悪くなかった。

さらに言えば、貿易についても、最も保護主義的だった国同士で最も盛んだったんです。なぜそうなったかといえば、保護主義をとることによってデフレを食いとめて、内需が拡大したので、貿易も関税を越えて拡大したということなんです。

経済史で見るとそれが非常によくわかる。イギリスが一九世紀末から凋落したのは、あの当時世界中が保護主義をとるなかで、イギリスだけが自由貿易を堅持したからなんです。

▼重商主義の進出を防ぐための保護主義

柴山　保護主義とは何か、ここできちんと言っておく必要がありますね。というのも一般には保護主義と重商主義があまりにも混同されているからです。

　重商主義というのは、商業を重んじるシステムですから、そのとき一番売れるものを海外に積極的に売っていきましょうというロジックなんです。それで言うと、今のグローバル化した世界が向かっているのは、明らかに重商主義です。これは一般的な固定観念とはだいぶ違う見方かもしれない。冷戦が終わった九〇年代以降は、ＷＴＯ（世界貿易機関）を中心に各国が関税を引き下げていきましょう、自由貿易や自由な資本移動をなるべく促進していきましょうという方向でグローバル化が進んできた。だから表面的に見れば、現代は自由貿易の時代だと言えます。

　しかし、では国家はお役ご免になったかというとまったくそんなことはない。表向き自由貿易ルールを守るという姿勢を見せながら、政府が率先して海外に売れるものを売っていくということも、同時に行っているんです。典型はトップセールスと言われているもので、日本は鉄道とか新幹線とか原発を海外に売りましょう、アメリカは農産品や金融・サービスなどの海外市場を広げていきましょう、相手が門戸を閉ざしていると見れば、外交的手段をあれこれ用いてこじ開けていく。重商主義というのはそういうもので、輸出を拡大して成長につなげていこうとするんです。だから現代は自由貿易を前提にした重商主義の時代で、自由貿易と重商主義は対立するものではないんです。

中野　確かにそうですね。重商主義の攻撃が仕掛けられるのを防ぐために、関税を上げる。そうやって相手の侵入を防ごうとしたときに、自由貿易のロジックを使われて関税を取っ払えと言われて、取っ払ったら、そのとたんに向こうの重商主義に食われてしまう。すると、重商主義を防ぐために保護主義が必要な場合というのがある。

柴山　そうなんですよ。競争力のある分野が有利になる場合には、自由貿易のロジックを前面に出す。自由貿易の正当性を訴えながら、相手のガードを下げさせる。関税だけでなく、アメリカは非関税障壁という言葉をつかって攻めてきますね。日本の輸入が増えないのは、日本の商慣行や規制のせいだと言って、改革を迫る。

しかし日本では自由貿易と重商主義の仕分けができていないので、自由貿易が進むのはいいことだという話にすぐに搦めとられてしまう。

▼ネイションを主体としたリストの保護主義

中野　『政治経済学の国民的体系』のなかで、リストは、ネイション（国民）とステイト（国家）の概念を明確に区別しています。彼は自分の理論をステイトではなく、ネイション、あるいはネイション・ステイト（国民国家）の政治経済学と位置づけているんですよね。

柴山　経済学者は、そこを区別しないで語ることが多いですね。

中野　そうなんです。でもネイションとステイトは別なんですよ。ステイトが政治的、法的な制度を指すのに対して、ネイションは、人々の集団であり、彼らの間の社会的、文化的、あるいは心理的な紐帯《ちゅうたい》のことを意味するんですね。だから、リストは、自身の理論を「国民経済学」（ナショナル・エコノミー）と呼んで、国家の経済学とは異なるものだと明言したんです。

ところが、リストの経済学はよく重商主義と混同されて、重商主義と経済ナショナリズムは同一視されてきたんですよね。しかし、これはまったく違うものなのです。

リストの政治経済学における主眼は、利益でも効用でもなく、国民が共有する「文化」

なんです。さらにいえば、物質的要素と文化的要素は、相互に関連し、ともに発展できると彼は考えていたんですね。

柴山　そのとおりですね。リストはあくまで国民主体の政治経済を語ったわけですね。保護主義を最初に体系化したのはリストですが、リストは明らかに、重商主義と保護主義は違うと言っています。

これは簡単なロジックです。当時ドイツは農業国で、農産品を輸出すれば儲かったんです。しかし、リストは当時ドイツの主力産業だった農業よりも、自分たちがまだ不得意だった工業を優先させなければいけないと言った。重商主義的に言えば、得意分野の拡大に重点を置くわけですが、ドイツが安い農産品をヨーロッパに輸出できるからと、そこばかり強化していてはドイツの発展はないと、リストは主張したんですね。むしろ、今後必要となる工業の発展のために、国内の工業を保護して、農業の後押しだけをするという政策はやめるべきだと言ったんです。

得意分野に特化するという重商主義に対して、国家の長期的な独立や、国家国民全体の繁栄のために、そのときの短期的に儲かる産業に投資するのではなくて、長い目で見て国民経済全体が発展するものを奨励することが保護主義であると、リストは言ったわけですね。もちろんリストは農業を切り捨てるべきだと考えていたわけではない。当時のドイツは零細農が多かったので、彼らを中産化するための農地改革が不可避だと考えていた。ただ、そのためにも都市の工業を育成する必要があったんです。

これは保護主義が何を保護するのか、という問題に関わります。リストの目的は、当時はまだ国家統合ができていなかったドイツの統一でした。そのためには国民を結合しなければならない。国民を結合させつつ、経済を発展させていかなければならないと考えた。その鍵となるのが、国民間の分業を進めていくこと。経済発展というのは国内で分業が進むことで、国内のいろんな産業が有機的に結びつくことが大事だと考えた。農業だけでなく、工業を育成しなければならないというのは、そういう文脈から理解される必要があります。

分業が発展の基礎だというのは、アダム・スミスが最初に言ったことですね。仕事が分割されていき、その成果が交換されることでみんなが豊かになる。農家が自分で鋤《すき》や鍬《くわ》をつくるよりも、都市の職人から買ったほうがいい。農作物を自分で売りに行くよりも、商人に任せたほうがよいという具合に、それぞれが専門分化していく。そうすると一つのことに特化していけばいいわけだから、生産性が上がりますね。これが経済発展の基本的なメカニズムだとスミスは言った。

経済発展は分業の拡大と深化だというスミスの説を、リストも認めるわけです。ただ問題は、どこまでが分業の範囲なんだということです。特に一八四〇年代のドイツはまだ国家として統一されていない。しかも国家としてまだ貧しい。その状態で分業が必要ですというと、じゃあドイツは農業を、イギリスは工業をやればいいじゃないか。交換すればお互い利益になるじゃないかという話になる。

リストはそこに異議を唱え、国内で分業を発展させることが重要なのだと説いた。ドイツは農業だけでなく、工業もやる必要がある。国内の分業を進めていくことで、国民の結合をはかるべきだ。そのためには、ドイツはまだインフラストラクチャーが未熟なので、鉄道や道路を完備して、国民の結合と分業を促進させないといけないと主張したわけですね。

中野　保護主義というのは、特定の産業を保護しろという話じゃないんですよね。

柴山　そうなんです。日本で保護主義というと農業を保護するという話になる。もちろん保護すべきなんですが、それが目的なんじゃなくて、農業を含めた国内の分業や農民を含めた国民の結合を守るということのほうが大事なんです。

▼人口と気候の条件が整えば保護主義が機能する

柴山　リストはさらに重要なことを言っています。保護主義は、できる国とできない国があるということです。まず、気候が温帯でなければいけない。熱帯だと、やはりモノカルチャー経済にならざるを得ないですからね。その条件に関しては、ドイツは気候条件に非常に恵まれているというわけです。

もう一つの条件は、一定の人口規模がなければいけない。小さな国は、国内分業をしようがないわけですよね。人口一〇万人しかいないのに、国内で分業するのは明らかに非効率ですよね。人口一〇万人なら一つの仕事に特化して国際分業の一角を占めたほうがいい。たとえばルクセンブルクのように、金融だけに特化したほうが効率的なわけです。そのかわり、外交は大変になりますが、条件的にそれ以外やりようがない。その点、ドイツはヨーロッパの人口大国ですよね。気候条件と人口条件の二つを併せもつドイツは、ほかの国に比べて保護主義がはるかにやりやすいと、リストは奨励したわけですね。

さて、それでいうと日本はどうか。韓国は人口どれくらいですか。

中野　五〇〇〇万人弱というところかな。

柴山　日本は韓国の倍以上いるわけですね。一億三〇〇〇万人というと、一応世界の一〇位以内に入る大国ですね。韓国は小国なので、得意分野に特化していくのも無理はないんですが、日本を同じ基準で考えるべきではないですね。多分リストだったら、日本は国内分業をまだまだ拡大する余地があると判断しただろうという気がします。

僕の話ばかり長くなってしまいましたが、まとめると、保護主義についてのポイントは三つある。一つは重商主義と保護主義は違うということ。二つ目は、保護主義は、保護そのものが目的ではなく、国内分業を進め、かつ分業した国民同士の結合を強めていくのが根幹で、それが経済発展につながるのだということ。三つ目には、保護主義を実践するには、気候条件と一定の人口規模が必要であるということ。これがリストの保護主義論です。

▼自由貿易論に欠けている「生産」の視点

中野　柴山さんのまとめにもう一つ付言したいのが、保護主義と鎖国は違うということです。国内分業といってもリストは自給自足を目指したわけではないんです。

柴山　自給自足は徹底的に批判していますよね。

中野　そうなんです。たとえばすべての製品に三〇%の関税をかけます、と。これは、れっきとした保護主義ですが、別に鎖国なんかはしていないわけです。ただ、輸入製品が三〇%高くなったというだけの話で、関税はかけても交易はしている状態です。しかし、日本という国は、保護主義と言った瞬間に鎖国だと思う人が圧倒的に多いんですよ。

柴山　鎖国というのは貿易そのものを極端に制限するということですが、関税は価格の調整ですね。すべての関税をゼロにしている国などないことを考えれば、自由貿易と保護貿易というのは断絶しているのではなく、程度問題だとも言える。

中野　そうなんです。他方、自由貿易といっても、さっきの柴山さんの解説のように、得意なものに特化して輸出で稼ぐということになると、自由貿易とは口ばかりで、ほとんど重商主義に近くなっているんですね。なぜ重商主義と自由貿易が近くなるのかといえば、他人の市場を奪い取るとか、経済的な利益だけで考えているからです。
　こうした重商主義のロジックとリストの経済ナショナリズムが決定的に違うのは、富を取りに行くとか富を交換するといった論点ではなく、富を自分でつくり出すのにはどうしたらいいかという、生産の創造性について語った点です。
　標準的な自由貿易の理論は、モノを交換すると効率がよくなるとか、消費者の効用が上がると言っているだけであって、そのモノ自体をどうやって人間がつくっていくのか、どういう条件があれば生産ができるのかという議論は、まったくなされていないんです。
柴山　それは非常に大事ですね。
中野　デイヴィッド・リカードをはじめとする自由貿易論者というのは、単に消費者の効用が上がるということを言っているにすぎないんです。
柴山　資源配分を効率化するという、一九世紀型の経済思想の延長ですね。しかし、不確実性が存在するダイナミックな世界を考えると、また違った議論が必要になる。
中野　リソースの配分だけじゃなく、自分でクリエイトする、プロデュースする、そういうメカニズムがどう働くかということを、自由貿易論はまったく言っていないんですよ。

▼「創造」「生産」の原動力を考える

中野　リストの経済ナショナリズムの議論は、その国の精神や文化において、どういう条件が整えば、みんなで協力してモノづくりができるようになるのかという議論なんです。昨今の経済学の主流の議論というのは、成長がどうの、イノベーションがどうのと言うのですが、彼らの理論はどうしてイノベーションが起きるのか、どうして成長するのかを、まったく説明し切れていない。単に成長している国はどういう資源配分かと言っているだけで、成長の起きている、そのドライビングフォース、原動力については、何も言っていないんです。

一九世紀初頭にリカードが自由貿易論を言い始める前まで遡って、フランスのモンテスキューや、スコットランドの啓蒙思想を見ると、今よりもずっとまともな議論をしています。たとえば、デイヴィッド・ヒュームは自由貿易の擁護はしていても、ドイツが工業製品に関税をかけることは間違いではないと言っている。彼らが自由貿易を奨励したのは、海外とのコミュニケーションを盛んにすることで知識が交換されたり、海外から入る知識や技芸によって、国内の文化が刺激されて豊かになるという話であって、資源配分の効率化の話ではないんです。海外に打って出て市場を取りに行くのは、むしろいけないと言っている。単なるコマースじゃなくて、コミュニケーションとしてとらえていた。コミュニケーションがうまくいって、こっちの文明が発達するためには大体同じ程度の文明水準の国とじゃないと、自由貿易はおもしろくないとすら、ヒュームは言っているんですね。

柴山 お互いに良いところを学び合って、文化を洗練させていこうという目線なんですね。

中野 そうです。これから成長する新興国の市場を取りに行こうなんて、そんな子供じみた議論はしていない。一八世紀のころ、ヒュームをはじめ、啓蒙思想家たちが印象深く見ているのが、世界の成り立ちなんですね。だんだん世界に対する知識が増えていくころです。たとえば、ポリネシア、ミクロネシアとか、あるいはアメリカ大陸について知識とかも入ってくる。国によって異なるさまざまな人間の生活、彼らの興した産業をつぶさに見て、なんと世界は多様なんだろうということに気づいて驚くわけです。

経済システムがいかに文化や制度、法律、政治体制によって異なってくるか、たとえば共和制と君主制とでは違うとか、そういったことにすごく関心をもち、歴史的に見ても、いろいろ変遷があるということに気づいていく時代なんです。

モンテスキューの『法の精神』は、教科書では三権分立のことしか言いませんが、じつは壮大な政治経済学で、しかも比較社会学なんです。『法の精神』には、さまざまな国において、国民精神が違うといかに法や制度が違うかということが書かれているんです。世界はじつに多様なのだから、その国に応じた制度を考えないといけないと。

日本人は、アメリカのシリコン・バレーをうらやましいと思ったら、すぐそれを導入する。中東がいろいろ政府系ファンドをつくってうまくいっていると、またそれを真似する。ドイツが太陽光エネルギーの買い取り制度をやっていたら、それをもってくる。よその国をうらやましがって、何につけても日本は遅れていると騒いでそのシステムをもってこようとする。これはモンテスキューの精神とはまったく逆なんですよ。経済システムが国ごとにいかに違うのかというのを強調するのが政治経済学、さらに言えば社会科学の始まりだったのです。

柴山　政治制度、社会制度が違うんだから、経済発展の道筋も国によって違うということですね。リストも言うように小国と大国では違うし、熱帯と温帯では違う。僕なりの理解では、成長は生産性の向上から生まれると、とりあえず考えるとしても、何が生産性の向上につながるかは、歴史や文化といったその国に固有の事情によって違うというのが、中野さんの言う経済ナショナリズムの議論ですね。

中野　そうですね。経済ナショナリズムと言うと、すぐファッショなイメージを想像して危険だとか、気をつけなくてはいけないというのがお決まりのセリフなんですが、私に言わせたら、国ごとの違いをいっさい無視して自由化するほうがよほど危険なんですよ。

▼有形無形のナショナル・キャピタルに注目する

柴山　先ほどの、リストが注目したのが利益の論理ではなく、生産の論理だという中野さんの指摘は非常に重要だと思います。生産を行うのがとりあえず企業だとして、企業はその国の社会とか文化のなかで生産しているんですよね。そこで働く人はその国のなかで教育されているし、使われる知識はその国で蓄積されている。

そういえばヒュームが「天文学の知識がないところで毛織物はつくれない」と言っていましたね。毛織物と天文学は直接、関係ないのだけれど、天文学のような高度な知識に高い関心をもつ国民でないと、すぐれた毛織物もつくれない。洗練された文化をもった国でないと、すぐれた産業は育たないし、創造性豊かな生産もない、ということですね。言いかえれば知識は、国民のなかで蓄積されている有形無形の資本のようなものだという考え方です。

中野　言わば「ナショナル・キャピタル」ですね。

柴山　そうです。リストが言ったことを別の言い方に直すと、国民の生産力の背後にはナショナル・キャピタルがあるということなんです。

経済成長がなぜ起こるかという問いに、アダム・スミスは「労働生産性が上がること」という明晰な答えを出した。一〇人の労働者を使って一トンの小麦をつくっていたのが、五人で一トンの小麦をつくれるようになった。これが生産性の向上ですよね。その分、物の値段が安くなるし、賃金も増えて労働者の生活もよくなる。生産性の向上が経済成長の源泉であるということは、スミスの偉大な発見なんですよね。

じゃあ生産性の向上はどうやって起こるの？　という問いに対して、今の経済学は技術進歩と答える。では、どうして技術進歩が起こるのかとなると、実はちゃんと説明できていないんです。

　農作業であれば農作物についての知識が深まるとか、作業のチームワークが良くなるとか、いろいろ考えられるんだけど、生産性の向上というものは、単に個々人の努力だけに注目したんじゃわからない。個人の努力で向上できる生産性の水準と、社会全体のなかで起こる生産性の向上があるんだと、リストは言ったんですね。

　たとえば、農道とか灌漑《かんがい》施設とかは、集団のなかで長い時間をかけて整備されたものですよね。そういう資本を利用して農業が行われる。農作物の知識にしても、過去から少しずつ蓄積されてきたものです。そういうものを利用して、いわゆるイノベーションというのも起こる。過去の幾世代にもわたって投資され、蓄積されてきたそういう有形・無形の資本があって、生産性の向上も起こると考えるべきなんです。けれども、今の成長論には、そういう視点が乏しいですね。

中野　でも、そっちが成長論の保守本流になった瞬間に、その経済学の理論は、社会学に分類されてしまう。

柴山　そうですね。しかし社会学を取り込まないと、成長のような複雑な現象は説明できませんよね。そのためには成長という概念も見直す必要があって、ナショナル・キャピタルを損耗していく成長は、まったくサステイナブルではないという視点も重要です。

▼お金で買えないものに潜む価値

中野　農業の問題で言うと、農業って単に農家が食料を供給し、消費者がそれを買って腹を満たすための存在じゃないんです。農業というのは環境保護とか田園の景観も含めて、自然環境や地域性と密接に関わりあっているのです。そこには、お金では交換できない価値がある。お金では取引できないものが含まれている。それを全部無視してお金で取引すると、今まで地域で大事にしてきたナショナル・キャピタルが壊れてしまうんです。

柴山　TPP問題でも推進派は農業を競争にさらせというけれど、農地の経営者が次々に入れ替わると、もともとそこにあった人間関係も含めていろいろなものが壊れますよね。

最近の社会学では、共同体のもつ互助的な人間関係を一種の資本と捉える社会関係資本（ソーシャル・キャピタル）というアプローチが盛んに研究されはじめています。農村のソーシャル・キャピタルは戦後、一貫して減耗してきたんだけど、これ以上減耗させていいのか、という問題ですね。

中野　そうです。世の中にはお金で取引できないものがある。そんなことは常識で考えればだれでも腑《ふ》に落ちることなのに、ＴＰＰの議論が政策論に上った瞬間に、お金では買えない価値のあるものを無視する経済学者だけが賛成論を展開し、お金で買えない価値があることをわかっているはずの国民がそれに乗せられてしまう……それは非常に妙なことだと思うのです。

ＴＰＰ推進派の議論では、関税を取っ払って自由に取引すれば、その結果については全部フェアだというような言い方がされますね。しかしマルクスじゃないですが、売り手と買い手で合意した値段が常にフェアだというのは違う。市場で取引される値段とは違う「フェアな価値」があるのです。これが普通の価値だよなという社会的な合意、常識的な合意があって、それから逸脱したものには、やはり人間は不快感や不公平感を覚えるんです。

市場で決めたものが全部オーケー、フェアだとしたら、食料価格が上がってソマリアで飢えた人が死んでいくのも仕方ないってことになります。

柴山　市場メカニズムの議論だと、食料価格が上がるということは、農業が儲かるぞという市場のサインだということになるんですよね。だから、自由市場の下では農業への参入が増えて、供給が増えるので食料価格も下がる、ということになる。

でも、農業って、それこそ種まきから何からものすごく時間がかかるうえに、技術から知識から灌漑施設のような社会資本から、いろいろなものの世代的な蓄積が必要ですね。

中野　ソマリアで農業やれと言っても、そんな急にはできませんよ。じゃあその間は飢えていいのかと。シカゴ大学でも教鞭をとっていた経済学者の宇沢弘文先生が、よくおっしゃっていたマリアブル（可塑性。柔軟な変化の可能性）という言葉があります。実際の社会は、経済学が想定する市場のようにマリアブルには動きません、ということです。

人間とか自然とか、お金では買えない価値をいっぱいはらんだものは、急に必要になったから出すとか、要らなくなったから捨てるということはできないわけです。日本で行われた労働移動の自由化や派遣労働の問題が典型ですが、それを市場で交換した途端に、人間性とか個人の尊厳とか、市場で交換できないはずの大切なものが破壊されてしまう。それが人間であり、自然というものなんですね。

▼市場で取引できないものは組織で守れ

中野　ポランニーが『大転換』のなかで言ったのも、そういう議論だったんです。彼は、市場で取引できないものは組織で守れと言った。労働については労働組合だし、自然に関しては環境保護規制もあるだろうし、農地には自然や地域社会が密接に絡むので、農地の取引は農業目的に限定するとか、こうした規制を入れて環境保護、人間性の保護、労働者の保護を唱えたわけですね。

貿易の保護主義も同じように考えるのであれば、環境を保護するために環境を破壊するような製品の輸出入は禁止する。これはれっきとした保護主義ですが、何か文句ありますか？　ないはずです。国際的な奴隷取引なんて、完全に禁止されているんですから。これはまさに人間性の保護だからですよね。そう考えると、農業だって同じです。

柴山　文化財もそうですよね。勝手に買って、壊していいことにはならない。

中野　文化財もそうです。農業も、それこそ文化的、環境保護的な要素をいっぱい含んでいるんだから、お金で取引できない価値があるんです。

ポランニーのすごいところは、環境と労働の保護だけではなく、生産組織の保護を言っている点です。これはデフレのための対策なんですね。デフレが起きると、製品の価格は下がるけれども、賃金と原材料は長期で契約しているので急には下げられず、企業は赤字になってしまう。デフレが続くほど、企業の赤字が膨らんでいき、ついには倒産する。デフレが生産組織を破壊するとは、そういうことです。

ポランニーは、一九三〇年代の大恐慌をかなり研究したうえで『大転換』を書き、環境・自然の破壊、労働者の破壊、そしてデフレによる生産組織の破壊を防ぐ保護対策を論じたんです。そう考えるとデフレ対策も、保護主義なんですね。生産組織の保護なんです。

柴山　この場合の保護主義というのは、むき出しの資本主義に対抗するものという位置づけですね。しかも保護の仕組みは政府だけがつくるわけじゃない。社会のいろんなレベルで試行錯誤しながらつくられていくものなんです。

中野　どうも日本人は歴史を誤解していて、かつては国家が規制と統制で保護していたのが、世の中が進歩して民が自立していった結果、競争が進んで保護がなくなったという勝手なイメージがある。しかし、それは逆なんですね。

むしろ、第一次世界大戦以前の資本主義は、デフレだろうが賃金がどう動こうが、労働者の保護はなかった。市場に任せて環境が破壊されもしたし、児童労働だって平気でされていた時代なんです。完全に価格メカニズムで社会が破壊されていた時代が一九世紀であって、それをなんとかしようと、福祉国家論やケインズ主義が出てきたんですね。社会が市場メカニズムに破壊されないためにです。それを進歩だと言えば、進歩するほど保護される領域は広がって、純粋に市場で決まる領域って狭くなるんですよ。

同じことは自由についても言える。市場というのは自由すら破壊する可能性があるんです。だって、こんな生活をしたいという自由を、市場が束縛するわけですね。市場に任せることを自由と言うけど、市場の価格メカニズムに従わなければいけないということは、こっちに自由がないことなんですよ。食料を買いたくても食料の値段が高い。高いのは市場がお決めになったことだから、おまえは食料を食べる自由はないんだぞと、こうなるわけですよね。

柴山　ポランニーが指摘したのはそういうことですよね。

▼互酬の論理とぶつかる市場原理

柴山　ポランニーは人間の経済生活の形式を四つあげています。一つが「互酬」で贈与しあうこと。もう一つが「再分配」。獲得したものを集団で分け合うこと。この二つが、石器時代からある人間にとってもっとも原基的な経済のあり方。農業社会になると自分でつくったものを自分で食べるという「家政」、いわゆる自給自足が出てくる。そして最後が、「市場」による「交易」です。

このなかで、互酬と再分配は、人類のもっとも古い経済生活の方法で、今でも我々を強く規定している。特に互酬ですね。たとえば、友情というのは互酬なんですよ。Aをしてあげると、お返しにBをしてくれる。プレゼントをあげると、返礼がある。助けてもらった借りは、次のときに返す。そういう互酬を伴わない友情ってないですよね。これは人間関係や組織づくりをするうえでの、一番の基礎なんです。

ところが、その互酬の論理と、市場の論理は相性が悪い。典型がリストラです。リストラされるとなんでつらいのか。私は会社のために一生懸命につくしてきた。二〇年も三〇年も勤め上げたのに、ある日、業績が悪いといっていきなり首を切られる。人間はそのことに耐えられないんです。これだけ会社に贈与してきたのに、お返しがこれか、と。会社に対して贈与した分、会社からも賃金とか待遇とか、あるいはもっと単純にねぎらいの言葉とか名誉とかで、反対贈与を受けないとなんか帳尻が合わないというのが、人間を深く規定している贈与の論理です。公正な扱いを求める人間心理だと言ってもよいかもしれない。ところがそれは市場の論理と違う。会社の業績が悪くなれば解雇は当然、あり得る。これは市場の論理としては合理的でも、人間心理としてはまったく納得できない。

これは一例ですが、ポランニーは市場的交換はあくまで経済を構成する一要素にすぎないのであって、これが力をもちすぎると、社会はひどく混乱し、多くの者が不満をもつと言った。農民たちが一生懸命農業していたのに、時代の流れでもう農業なんか要らないって放り出されたり、あるいは突然必要になったからもう一遍やってくれと言われたり、そういう極端な変動に人間は耐えられないですよ。だから市場に振り回されると、人間は市場に対して反乱を起こす。

中野　それがファシズムだと、彼は言ったんですよね。

柴山　ポランニーはもちろん、ファシズムには反対なんですよ。だからそちらにはいかないように、安定した経済社会をどう実現するかというのが彼の課題だった。この問いは、ケインズやリストといった人たちに非常に近いんです。

中野　市場メカニズムを推進している人が、自分たちをリベラルだと思っているのが私は納得いかない。単純に考えてください。自由貿易というのは、自分たちの得意な産業に特化して、ほかの産業をあきらめていることですよね。極端な話、特化が進んで一つしか産業がなくなったら、そんな国にいて職業選択の自由ってどうやって行使するんですか。自由貿易の結果、一次産品しか生産できない発展途上国の人々に、職業選択の自由なんかあるわけない。

柴山　ポランニーが面白いことを言っています。アダム・スミスは、市場が分業を生み出すと言ったけれども、それは違うというんです。

ポランニーの分類では分業を促進するのは市場ではなく、再分配なんです。人類がほかの動物と違うのは、再分配の原理をもっているからだ。昔の狩猟社会では、男たちが獲物をとって、それをもち帰ってみんなで分けますね。このとき、必ずしも狩りに参加していない女性や子供だけじゃなく、老人や障害者、あるいは絵描きや踊り子、司祭のような生産活動に従事しない人たちにも獲物を分ける。動物はこういう再分配の原理をもっていません。人間は再分配の原理があるから、芸術家とか歌手とか、獲物を捕ることとはなんの関係もない仕事が生まれたんだというわけです。

生産とは直接関係ない芸術のような仕事が、仕事として成り立つのはやはり再分配があるからなんですね。文明社会にはたくさんの仕事があるけど、それを支えているのは市場だけじゃなく国家の再分配でもある。その意味では、市場競争の原理が分業の拡大を生んでいるということ自体、一面的な話なんです。

▼保護主義は戦争の原因になる？

柴山　保護主義についてもう一つのよくある誤解は、これが戦争の原因になるというものですね。一九二九年の大恐慌で各国が保護主義に走り、それが戦争の遠因になったというのが通説になっている。

中野　しかし経済史の最近の研究によれば、保護主義の連鎖で大恐慌が悪化したんじゃないという議論のほうが有力になっていますね。

そもそも、保護主義は、一九二〇年代になって急に台頭したわけではありません。ヨーロッパにおける平均関税率は一〇年代前半と二〇年代後半とでは同じくらいです。ヨーロッパ以外の地域では、確かに保護主義の傾向は一九二〇年代に強まっていますが、二〇年代終わりごろにはほとんどすべての先進諸国で関税は引き下げられていました。

世界恐慌を悪化させたとして悪名高いのは、アメリカのスムート・ホーレー関税法です。しかし、この関税法の成立と、それに対する報復関税の連鎖が起きたのは、世界が大恐慌に突入した後のことです。少なくとも保護主義は、世界恐慌の原因ではない。

また、保護主義の連鎖が、世界恐慌を悪化させたというのも、本当ではないようです。悪い影響があったとしても僅かだという有力な研究が複数あります。大恐慌研究の大家であるピーター・テミンも、『大恐慌の教訓』のなかで、スムート・ホーレー関税法が世界恐慌を深刻化させた主たる要因であるという説を否定していますね。貿易制限は、需要を一方的に縮小させるわけではなく、内需の拡大によって相殺される分があるから、それほど大きな悪影響にはならないのです。

むしろ、世界恐慌を深刻化させたのは、保護貿易ではなく、緊縮財政と高金利政策というデフレ政策によって金本位制を維持しようとしたせいだとテミンは言っています。

大恐慌はまず株式市場が崩壊して、いきなりデフレになるわけですよね。その状況では、金融を緩和して、財政出動しなきゃいけないのに、当時のアメリカの大統領フーヴァーは今で言う主流派経済学を信奉していたので、為替を維持するために金利を上げて、緊縮財政を施したんです。その結果、とんでもないことになってしまった。ありていに言えば、主流派の経済学が大恐慌の原因なんですね。

で、ケインズは『雇用、利子および貨幣の一般理論』で、こう言うわけですね。世界で市場が縮小したときに、みんなで外を取り合うと戦争になるので、内需拡大、財政出動ということを、この本で教えてやった。だから、帝国主義的な市場の奪い合いはなくなる、俺が平和をもたらすのだと言わんばかりのことが書いてあるんですが、まあ、そういうことなんですよね。

柴山　保護主義とケインズ主義というのは、ある程度はセットですね。開放経済だと、どうしても財政政策が利きにくくなりますから。もちろん一挙に関税を引き上げたり、急激な投資規制をしたりすると世界経済は大混乱になりますし、だれもそんなことは主張していない。ここまでグローバル化が進んでしまったからには、ゆっくり調整して、国単位で経済管理の度合いを上げていくしかないと思います。

▼自由貿易の方便を見抜いていた福澤諭吉

中野　イデオロギーというものは、自分たちの都合のいいように巧妙に操作されるんですね。自由貿易がいいという理論をイデオロギーとして流布する帝国があるわけです。それは一九世紀であればイギリスで、二〇世紀の戦後はやっぱりアメリカなんですね。

アメリカは、自分たちがどれだけ保護主義的な政策で成長してきたかについては口を閉ざして、戦後自分たちが圧倒的にトップになった瞬間に、自分たちの製品を世界で売る必要から、各国の関税が邪魔だということで、自由貿易のイデオロギーを強力に推進するようになる。一九世紀のイギリスの理屈も同じです。リストは、自由貿易はイギリスのナショナリズムだと見抜いていたのです。

柴山　自由貿易は、覇権国のナショナリズムの方便なんですね。

中野　おもしろいのは、ここで福澤諭吉なんですよ。福澤諭吉の『文明論之概略』とか、

『通俗国権論』とか、『時事小言』などを幾つか読むと、イギリスは自分の利益のために自由貿易と言い、アメリカは自分の利益のために保護主義を言い、みんな国益のため、ナショナリスティックな理由で言っているにすぎないのだと、彼はちゃんと書いているんです。

福澤は、アメリカは保護主義をとって成長したということをよく知っていた。裏を返せばイギリスが自由貿易と言っているのは、彼らの理由で言っているというのもわかっていたんですね。

『通俗国権論』では、国家というのは戦争のときは軍事で争うが、平時においては商業で争っているとも書いている。彼は、貿易というものは、国家間の利益追求の側面がすごくあるんだと、かなりリアリスティックにとらえていたんですね。

その福澤がよく強調しているのが、ドグマにとらわれない「実学」ですよね。福澤は、異端の意見を大事にしよう、と言ったんです。昨日まで異端だったものが、今日からは正論になることがあるから、いろんな意見を大事にしなくちゃならないと。そのなかの一つに、アメリカの保護主義を挙げているんです。保護主義というのは異端だということになっているが、ちゃんと議論すればそうじゃない面もあるだろう、時と場合によってはむしろ正論かもしれないという例として挙げているんですね。

アメリカの戦後のイデオロギー体制のなかに世界がみんな取り込まれていった。しかし、実はアメリカ自身もミイラ取りがミイラになって、自分が広めた自由貿易、グローバル化で自分も苦しんでいることになっているわけです。そういう面もあるので、本当の保護主議とは何かというのを議論するのも大事なんですが、さらに言えば、経済ナショナリズムとか、保護主義という言葉のもつドグマにとらわれないでくれということなんですね。

柴山　市場原理主義もダメだけど、保護原理主義でもダメだということですね。

状況によって立場を変えるということで言えば、ケインズもそうでした。最初は自由貿易と言っていたのに、大恐慌以後の一九三〇年から保護主義と言い始める。まったくドグマティックじゃなかった。かといって、日和見主義だったわけではない。ケインズは政治の目標を効率と公正、そして安定を両立させることだと言っています。特に、大恐慌で世界不況が深刻化していく一九三〇年代以降は、公正とか安定を特に重視するほうに進んでいったし、そのなかで保護主義の擁護とか、政府による管理強化を訴えたりしているんです。

「歴史は繰り返す」じゃありませんが、リーマン・ショック以後の世界の状況も、効率という尺度だけではどうにもならない時代に入っている。経済学は効率については、ある意味では洗練されたツールを開発してきた。しかし公正とか安定になると、まだほとんど手つかずなんです。

しかしこれまで議論してきたように、不確実性を考えるとボラティリティの問題がどうしても出てくるんですよ。価格が大きく変動するような状況だと、企業を含めて人々の生活はものすごく振り回される事態になる。公正な社会関係、たとえば労使関係なども成り立たなくなる。市場の論理だけで社会が動いてはいけないのに、そういう状態が長く続くと、社会はおそろしく不安定になりますね。それをいかに抑えるか、という視点がこれから大事になってくるのは間違いないと思います。

▼「大きな政府」のジレンマに耐える

中野　極端なことを言うようですが、これから統制経済や計画経済、つまり資本主義的じゃない手段をとらざるを得ないときが来るかもしれない。つまり、それは資本主義が心肺停止状態になったときですね。第二章でも説明したように資本主義が停止するのは、信用とか金融とか投資とか、そういった資本が動かす論理が債務デフレによって心肺停止状態に陥ったという状況ですね。こんなときは、官の力で人工的に経済を蘇生させる以外ないわけです。

柴山　その可能性は、長期的に見ればあり得ると思いますよ。

中野　今まさにその状況に向かっていると言えるんじゃないでしょうか。本当は民が投資していれば景気は上がっていくのに、デフレになると民が投資しないから官が投資すると。これが財政出動ですよね。

ケインズ主義があらわれる前と大恐慌の後の世界だと、先進国はＧＤＰに占める政府支出の割合が、大きく違うんですね。アメリカの大恐慌前と一九六〇年代を比較するとおよそ一〇倍くらい。つまり二〇世紀後半以降は、大きな政府の時代になっている。その大きな政府になっているなかでリーマン・ショックが起きたので、嫌でも、もっと大きくならざるを得ないんですよ。

日本も一九九八年に、小さな政府を目指したからデフレに陥ったわけで、本当はバブル崩壊後は財政出動を継続して、大きな政府にしてデフレを食いとめなければいけなかった。ところが、その逆をやったので、こういうひどい目に遭ったわけですね。

そういう意味じゃ、今回は相当、大きな政府にしなきゃいけないんですね。もっと深刻なのは、自国を大きな政府にして、デフレ脱却ができてインフレに転じたら、今度はさっさとノーマルな経済に戻ればいいんですが、今みたいに世界中がデフレになりかかっているときは、自国だけをそう簡単にインフレにはできないですよ。

インフレになる国があるとしたら、それは、次の二通りですね。一つは、通貨安が進みすぎて、輸入品が高くなり、物価が上昇する。韓国がそれですね。二つは、世界不況で余ったカネが投機目的で食料や原油や新興国の資産に回って、物価上昇を引き起こす。でも、こういうコストを引き上げるインフレは、需要を圧迫するデフレ効果があるのです。需要が伸びすぎて供給が不足して起こるインフレとは違うので、こうした物価上昇は、需要を縮小させるのだから、デフレとみるべきですね。

仮に大きな政府でインフレを起こす政策をやっても、国をオープンにしている限りはうまくいかない。外から、デフレの国の安い製品が我が国に殺到してデフレ圧力になってしまう。一時的に政府を大きくするのがデフレ脱却策なんですけれど、日本はそれすらやっていないんですが、仮にそれをやったとしても、世界中が不況になっているときはノーマルな経済に戻れない可能性があるんです。世界も政府を大きくするかというと、グローバル化が進みすぎて、財政出動をやろうにも経常収支が赤字で、国債を海外に買われちゃっているのでできませんという国まであって、完全に行き詰まっている。相当これは危険な状況ですよね。

柴山　デフレ脱却のためにひたすら財政出動を続け、体力のないところから脱落していくという厳しい競争が始まるかも、ということですね。今のままいけばそうなると僕も思います。

▼内需を守りながら、外需獲得戦争突入を回避する

中野　もう一つ付け加えておきたいのは、保護主義というのは、公正のため、弱者保護のためにやるんですけれど、それは保護貿易に限らず、社会保障だって労働者の保護だって、必ずそれによって利益集団というのは生まれるんですよ。そういうものなんです。

だって政治的、人為的に動かそうとして、しかも人間が万能じゃない以上は、必ずそういう利益集団とか、だれかが不当に儲けるということは出るわけですね。だけどはっきり言って、世界中どこにでもゆがみなんてあって、そんな利益集団とか不当なことが一切ない、きれいなユートピアなんてないですよ。

じゃあ自由貿易を行い、市場メカニズムに任せたら、利益集団なんて関係なくなるのかといえば、そんなことはないわけですよ。『TPP亡国論』でも書きましたけれど、TPPの推進論者は、農業が既得権益を守っていて、保護されているからけしからん、それをぶっ壊せと言うんですが、ぶっ壊して完全に取っ払って自由化した後、日本に入ってくるのはアメリカの農業利権ですよ。アメリカの利益集団が入ってくるに決まっているじゃないですか。

柴山　金融もそうですね。アメリカの金融資本が、アメリカの政治だけでなく日本にも食い込んでくるんじゃないですか。結局、国内の利益団体を追い出せば、今度は海外の利益団体がやってくるという話になってくるわけですね。

中野　そうすると、今プラクティカルにやるべきことというのは限られています。一つは、とりあえず自国民は守らなくてはいけないので、プロテクションが要りますよね。これは関税を上げるという意味だけじゃないわけです。とにかく海外は日本の市場や資本を取りに来るので、それに対してディフェンスをしなければいけない。

もう一つは、外需を奪い合う帝国主義的な争いに巻き込まれないようにするためには、ケインズ主義的に、内需を拡大するしかないと。だからこの二つなんですね。

よく日本は少子高齢化だから、内需といったって期待できないんじゃないかという声があります。『TPP亡国論』でも書いたから繰り返さないけれど、財政破綻論はうそだということは確信をもっています。もちろん内需拡大をいくらしたって、夢のような高度経済成長なんかは起きませんよ。けれど、それが起きないからやらないというのは、ばかげた議論です。

今の日本は相当深刻な事態にあって、財政出動をやってもせいぜい息がつける程度なんです。それでも、あっぷあっぷでいいから、まず息をしないといけない。デフレ脱却の財政出動は、生きていくために必要なことなんです。そのくらいじゃ根本的な解決にならないとか、上から目線で言ってる場合じゃない。今はそんな甘い世界じゃないぞということを、もっと認識してほしいと思います。

▼一度失うと二度と戻らない。これを肝に銘じて

中野　さて、いろいろ議論してきましたが、もっと具体的な処方箋をと思っている読者もいるかもしれません。しかし、日本も世界もここまで滅茶苦茶をやれば、こうすればバラ色になるという処方箋なんて、もうあり得ないんですよ。

今、必要なのは、事態がもっと悪化するのを食いとめるという敗戦処理、ダメージ・コントロールです。冒頭にもいいましたが、このままヘマをやり続けると、二〇年後はGDPが世界で一〇位以下にまで落ちると思いますよ。それを五位以内にとどめるためのオペレーションを、必死になって考えるしかないということです。

柴山　僕が思うのは、これからは消耗戦なんですよね。日本だけでなくすべての先進国が、グローバル競争のなかで、せっかく蓄積してきたナショナル・キャピタルを減らし続けている。これ以上、消耗しないようになんとか踏みとどまるというのが、強いて言えば方針になるのかな、と。

あえて希望を言えば、今は冬の時代だとして、そのうち春がやってくるかもしれない。ただ、それは何年先かわからないし、もしかしたら我々の次の世代かもしれない。それくらいの長期戦を覚悟して、今のグローバル化路線を少しずつまともなものに修正していく必要があるわけです。そのためには政策論だけでなく、資本主義の本質について理解を深めていくという、粘り強い知的努力も必要です。

しかしそれは、もしかしたらそんなに難しいことではないかもしれない。要は常識に返ろうということですよ。今の生活は、二世代、三世代、あるいはもっと前から受け継がれてきた、有形・無形の資本で成り立っているんでしょう。農業だって工業だって、何世代にもわたる蓄積のうえに今があるわけです。それを自分たちの世代でボロボロにしていいのか、次の世代に受け渡さなくていいのか、ということです。

中野　長い間に引き継いできたものというのは、つくるのは難しいのですけれど、失うのは一瞬ですからね。それを守ろうということでしょうね。

その守ろうという姿勢をなぜかみんな、後ろ向きのように感じているんですけれど、「もっと前向きに新しい創造を」と言う連中が、その見えない大切なものを簡単にぶっ壊してきた。それが「失われた二〇年」の真相です。

自分たちが受け継いできた遺産というものは、いったん失うと二度と戻らないんだぞということを、肝に銘じる必要がありますね。

おわりに――歴史は繰り返す

柴山　桂太

冷戦の終結は、資本主義の勝利だと言われました。各国経済がグローバルに連結することで、世界がさらなる平和と繁栄に向かうと信じられた時期もありました。

しかし、そのような楽観論は二〇〇八年のリーマン・ショックに始まる一連の危機で、無残にも打ち砕かれようとしています。二〇一一年にはギリシャの債務危機が再燃し、EUだけでなく世界全体を巻き込んだ危機の第二幕が始まろうとしています。

本書の議論が正しいとすれば、一つの危機が過ぎると別の危機がやってくるという具合に、これからも世界経済の混乱は続くでしょう。ちょうど戦前のグローバル化した資本主義が直面したときと、同じような問題が起きる可能性が大きいのです。先進国はデフレに向かい、格差が拡大し、政治的な統率力が失われていく傾向にあります。途上国でも、これから政情不安が高まるでしょう。これらは一つ一つが複雑に絡み合っています。それを大きな視点から、対談のメリットを生かして論じてみようというのが本書の趣旨です。

こうした大きな危機が起きるたびに、資本主義の暴走が言われます。しかし資本主義が暴走しがちなのは、よほどの市場原理主義者でもなければいまや誰もが認めるところです。問題は、資本主義をうまく枠づける制度や仕組みがなくなっていること、それを導く思想やアイデアが、まだ十分に準備されていないところにあります。

そもそもグローバル経済が不安定なのは、当たり前のことです。グローバル経済は、国内経済と違ってだれも管理する者がいません。世界的な再分配の仕組みはありませんし、市場の失敗を補ってくれる制度も発達していません。これは世界全体が好況なときは問題になりませんが、不況が長引くと結局は国家が前面に出てきて、自国に有利な解決を図るという方向に向かわざるを得ないのです。

この不況は、断続的に続くものと思われます。もはや二〇〇八年以前の世界的な好況に戻ることは、アメリカで再び巨大なバブルが発生しない限り不可能です。そしてその可能性はほとんどないというべきでしょう。歴史を振り返れば、こうした危機の時代には、重商主義や帝国主義が台頭します。これは言うまでもなく危険な傾向です。どちらも、国家の対立を著しく促進してしまうからです。

思想の任務は、具体的な解決策を示すことではなく、現代の何が問題かを示すことにあるというのが私の考えです。医学の比喩で言えば、処方箋を急ぐ前に、何が病気の原因かを正しく診断する必要があります。間違った診断からは、間違った処方箋しか導かれないからです。

考えてみれば、一八世紀のアダム・スミスや二〇世紀のシュンペーター、ポランニー、ケインズなどが批判したのは、重商主義や帝国主義というかたちで経済と国家が結びついてしまうという事態でした。本書でも指摘していますが、現代の重商主義や帝国主義は、自由主義を否定するのではなく、自由主義の皮を被って登場します。現在、自由貿易の名のもとで各国が進もうとしているのはそのような道であるように思われてなりません。そうではない仕方で、経済と国家を適切に関係づけ、国民の生活を守るためには、何が必要なのか。過去の経済思想家を参照しながら本書で議論したのは、つきつめればそのような問題でした。

この二〇年間、日本の改革の遅れやグローバル化への遅れが日本の病状だと考えられてきました。そして構造改革が進められ、その総仕上げともいうべきTPPへと向かおうとしています。その前提には、これからもグローバル化は順調に進み、いずれ世界経済は好調に戻るという思い込みがあります。

しかし、その前提が間違っているとしたらどうでしょう。これから来るのは、グローバル経済がますます不安定化して、各国による市場の取り合いが本格化する時代なのだとしたら？　急激な経済停滞から、途上国を中心に政情不安が各地で発生する時代なのだとしたら？　取るべき選択はおのずと違ったものにならざるを得ないでしょう。

中野剛志氏とは古くからの知り合いで、折に触れて議論を重ねてきました。その鋭い知性には敬服することしきりです。本書の元になった対談は二〇一一年秋に行われましたが、ちょうどTPP参加を巡って国論が二分され、反対派の急先鋒となった中野氏が一躍、時の人になる時期でもありました。間違った政策への義憤に駆られる中野氏の熱情が私にも伝播したらしく、対談はいつにも増して活発になりました。

その対談を短時間で読みやすい原稿にまとめてくれた宮内千和子氏、そして本書を少しでも面白く、わかりやすく、刺激的なものにするために粉骨砕身して編集に当たられた集英社新書編集部の服部祐佳氏に心からお礼を申し上げます。

楽観論に舞い上がるのでも、悲観論に沈むのでもなく、来るべき困難な時代に備えるには何が必要なのか。それを冷静に考えようとする読者に、本書の議論が少しでもお役に立つことを願っています。

主要参考文献

中野剛志『国力論―経済ナショナリズムの系譜』以文社、二〇〇八年
中野剛志『自由貿易の罠―覚醒する保護主義』青土社、二〇〇九年
中野剛志『ＴＰＰ亡国論』集英社新書、二〇一一年
中野剛志編『成長なき時代の「国家」を構想する』ナカニシヤ出版、二〇一〇年
佐伯啓思、柴山桂太編『現代社会論のキーワード』ナカニシヤ出版、二〇〇九年
須田美矢子編著『対外不均衡の経済学』日本経済新聞社、一九九二年
福澤諭吉『文明論之概略』『通俗国権論』『時事小言』、『福澤諭吉著作集』第4、7、8巻、慶應義塾大学出版会、二〇〇二、〇三年
南亮進『日本の経済発展と所得分布』岩波書店、一九九六年
G・エスピン－アンデルセン、岡沢憲芙、宮本太郎監訳『福祉資本主義の三つの世界』ミネルヴァ書房、二〇〇一年
ジョン・グレイ、石塚雅彦訳『グローバリズムという妄想』日本経済新聞社、一九九九年
ケインズ、間宮陽介訳『雇用、利子および貨幣の一般理論』上下、岩波文庫、二〇〇八年

アーネスト・ゲルナー、加藤節監訳『民族とナショナリズム』岩波書店、二〇〇〇年
シュムペーター、塩野谷祐一ほか訳『経済発展の理論』上下、岩波文庫、一九七七年
スーザン・ストレンジ、小林襄治訳『カジノ資本主義』岩波現代文庫、二〇〇七年
ピーター・テミン、猪木武徳ほか訳『大恐慌の教訓』東洋経済新報社、一九九四年
トクヴィル、松本礼二訳『アメリカのデモクラシー』全四冊、岩波文庫、二〇〇五、〇八年
エマニュエル・トッド、平野泰朗訳『経済幻想』藤原書店、一九九九年
エマニュエル・トッドほか、石崎晴己編『自由貿易は、民主主義を滅ぼす』藤原書店、二〇一〇年
F・A・ハイエク、嘉治元郎、嘉治佐代訳「真の個人主義と偽りの個人主義」、『新版　ハイエク全集』第Ⅰ期第3巻、春秋社、二〇〇八年
スザンヌ・バーガーほか、楡井浩一訳『MITチームの調査研究によるグローバル企業の成功戦略』草思社、二〇〇六年
デイヴィッド・ヒューム、田中敏弘訳『完訳版　ヒューム　道徳・政治・文学論集』名古屋大学出版会、二〇一一年
J・M・ブキャナン、G・タロック、加藤寛『行きづまる民主主義』勁草書房、一九九八年
トーマス・フリードマン、伏見威蕃訳『フラット化する世界　増補改訂版』上下、日本経済新聞出版社、二〇〇八年
カール・ポラニー、野口建彦、栖原学訳『新訳　大転換』東洋経済新報社、二〇〇九年

モンテスキュー、野田良之ほか訳『法の精神』全三冊、岩波文庫、一九八九年
ロバート・B・ライシュ、雨宮寛、今井章子訳『余震《アフターショック》―そして中間層がいなくなる』東洋経済新報社、二〇一一年
フリードリッヒ・リスト、小林昇訳『経済学の国民的体系』岩波書店、一九七〇年

Peter J. Katzenstein, "Small States in World Markets: Industrial Policy in Europe", Cornell University Press, 1985
Maurice Obstfeld, Alan M. Taylor, "The Great Depression as A Watershed: International Capital Mobility over The Long Run", NBER Working Paper 5960, March 1997
Maurice Obstfeld, Alan M. Taylor, "Globalization and Capital Markets", NBER Working Paper 8846, March 2002
John Gerard Ruggie, "International Regimes, Transactions, and Change: Embedded Liberalism in the Post-war Economic Order", International Organization, 36-2, 1982

中野剛志（なかの　たけし）

一九七一年生まれ。京都大学大学院工学研究科准教授。東京大学教養学部（国際関係論）卒業。エディンバラ大学より博士号取得（社会科学）。経済産業省産業構造課課長補佐を経て現職。主な著書に『ＴＰＰ亡国論』（集英社新書）など。

柴山桂太（しばやま　けいた）

一九七四年生まれ。滋賀大学経済学部准教授。京都大学人間・環境学研究科博士課程単位取得退学。主な共著に『危機の思想』（ＮＴＴ出版）など。

グローバル恐慌《きょうこう》の真相《しんそう》

集英社新書〇六二〇Ａ

二〇一一年一二月二一日　第一刷発行
二〇一二年　一　月三一日　第三刷発行

著者……中野《なかの》剛志《たけし》／柴山《しばやま》桂太《けいた》

発行者……館　孝太郎

発行所……株式会社集英社

東京都千代田区一ツ橋二-五-一〇　郵便番号一〇一-八〇五〇

電話　〇三-三二三〇-六三九一（編集部）
〇三-三二三〇-六三九三（販売部）
〇三-三二三〇-六〇八〇（読者係）

装幀……原　研哉

印刷所……大日本印刷株式会社　凸版印刷株式会社

製本所……加藤製本株式会社

定価はカバーに表示してあります。

 ISBN 978-4-08-720620-3 C0233

Printed in Japan

政治・経済――A

a pilot of wisdom

「石油の呪縛」と人類　ソニア・シャー
何も起こりはしなかった　ハロルド・ピンター
増補版日朝関係の克服　姜尚中
憲法の力　伊藤真
イランの核問題　テレーズ・デルペシュ
狂気の核武装大国アメリカ　ヘレン・カルディコット
コーカサス 国際関係の十字路　廣瀬陽子
オバマ・ショック　越智道雄　町山智浩
資本主義崩壊の首謀者たち　広瀬隆
イスラムの怒り　内藤正典
中国の異民族支配　横山宏章
ガンジーの危険な平和憲法案　C・ダグラス・ラミス
リーダーは半歩前を歩け　姜尚中
邱永漢の「予見力」　玉村豊男
社会主義と個人　笠原清志
「独裁者」との交渉術　明石康
著作権の世紀　福井健策
メジャーリーグ なぜ「儲かる」　岡田功
「10年不況」脱却のシナリオ　斎藤精一郎
ルポ 戦場出稼ぎ労働者　安田純平
「事業仕分け」の力　枝野幸男
二酸化炭素温暖化説の崩壊　広瀬隆
「戦地」に生きる人々　日本ビジュアル・ジャーナリスト協会編
超マクロ展望 世界経済の真実　水野和夫　萱野稔人
TPP亡国論　中野剛志
日本の1/2革命　池上彰　佐藤賢一
中東民衆革命の真実　田原牧
「原発」国民投票　今井一
文化のための追及権　小川明子

集英社新書　好評既刊

社会——B

江戸っ子長さんの舶来屋一代記　茂登山長市郎
ご臨終メディア　森 達也／森巣 博
食べても平気? BSEと食品表示　吉田利宏
環境共同体としての日中韓　監修・寺西俊一 東アジア環境情報発伝所編
巨大地震の日　高嶋哲夫
男女交際進化論「情交」か「肉交」か　中村隆文
ヤバいぜっ! デジタル日本　高城 剛
アメリカの原理主義　河野博子
データの罠 世論はこうしてつくられる　田村 秀
搾取される若者たち　阿部真大
VANストーリーズ　宇田川悟
人道支援　野々山忠致
ニッポン・サバイバル　姜 尚中
黒人差別とアメリカ公民権運動　ジェームス・M・バーダマン
その死に方は、迷惑です　本田桂子
テレビニュースは終わらない　金平茂紀
ビートたけしと「団塊」アナキズム　神辺四郎
王様は裸だと言った子供はその後どうなったか　森 達也
プロ交渉人　諸星 裕
自治体格差が国を滅ぼす　田村 秀
フリーペーパーの衝撃　稲垣太郎
新・都市論TOKYO　隈 研吾／清野由美
「バカ上司」その傾向と対策　古川裕倫
日本の刑罰は重いか軽いか　王 雲海
里山ビジネス　玉村豊男
フィンランド 豊かさのメソッド　堀内都喜子
B級グルメが地方を救う　田村 秀
ファッションの二十世紀　横田一敏
大槻教授の最終抗議　大槻義彦
野菜が壊れる　新留勝行
「裏声」のエロス　高牧 康
悪党の金言　足立倫行
新聞・TVが消える日　猪熊建夫

a pilot of wisdom

銃に恋して　武装するアメリカ市民　半沢隆実
代理出産　生殖ビジネスと命の尊厳　大野和基
マルクスの逆襲　三田誠広
ルポ　米国発ブログ革命　池尾伸一
日本の「世界商品」力　嶌　信彦
今日よりよい明日はない　玉村豊男
公平・無料・国営を貫く英国の医療改革　武内和久　竹之下泰志
日本の女帝の物語　橋本　治
食料自給率100%を目ざさない国に未来はない　島﨑治道
自由の壁　鈴木貞美
若き友人たちへ　筑紫哲也
他人と暮らす若者たち　久保田裕之
男はなぜ化粧をしたがるのか　前田和男
オーガニック革命　高城　剛
主婦パート　最大の非正規雇用　本田一成
グーグルに異議あり！　明石昇二郎
モードとエロスと資本　中野香織

子どものケータイ―危険な解放区　下田博次
最前線《フォワード》は蛮族たれ　釜本邦茂
ルポ　在日外国人　髙　賛侑
教えない教え　権藤　博
携帯電磁波の人体影響　矢部　武
イスラム――癒しの知恵　内藤正典
モノ言う中国人　西本紫乃
二畳で豊かに住む　西　和夫
「オバサン」はなぜ嫌われるか　田中ひかる
新・ムラ論TOKYO　隈　研吾　清野由美
原発の闇を暴く　広瀬　隆　明石昇二郎
伊藤Pのモヤモヤ仕事術　伊藤隆行
電力と国家　佐高　信
愛国と憂国と売国　鈴木邦男
事実婚　新しい愛の形　渡辺淳一